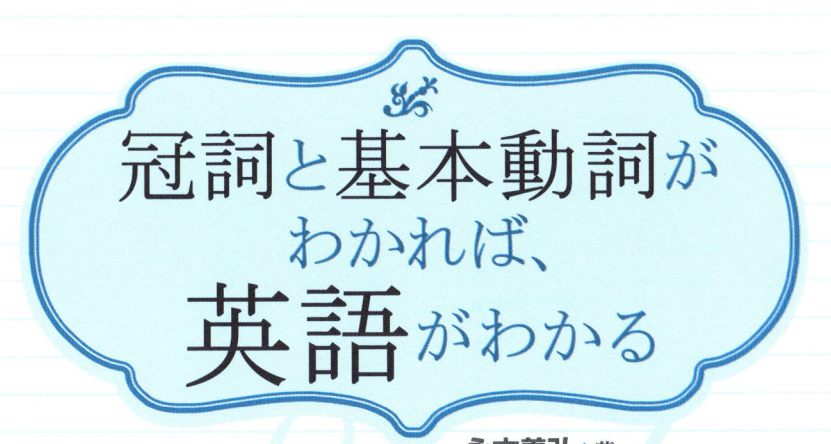

冠詞と基本動詞がわかれば、英語がわかる

永本義弘 ◆ 著

南雲堂

　　　　　　　は　じ　め　に

　本書は、日本人の英語学習者が最も不得手な文法項目である「冠詞」と「基本動詞」に焦点を当てている。そもそも冠詞なるものは日本語に存在しないため（世界的には、冠詞を持つ言語のほうが少数派だが）、我々日本人にとっては、なぜそんなものが必要なのかがまったくわからないというのが正直なところだろう。
　30年近く英語教育に携わってきたが、高校生や大学生に対して、学校で学習する文法分野の中で最も難しいものは何かと問うと、「関係詞」「仮定法」「不定詞」などが上位にランクされる。確かに、「関係代名詞」や「関係副詞」といった概念は日本語に存在しないし、また、時間的な隔たりではなく、現在の事実からの隔たり（仮想世界）を、動詞の屈折（過去形）を用いて表す仮定法は難易度の高いものだろう。しかし、実は、こうしたいわゆるビッグな文法項目よりも、「名詞認知」と「名詞の定 or 不定」に関する言語化のほうが、日本語の母語話者にとって遙かに困難を極めるものである。例えば、「車」「水」「机」と、その単語を辞書で調べれば、どんな場面・状況ででもそのまま「車」「水」「机」と使える日本語とは異なり、あらゆる英語の名詞はその使用に先立ってまず、存在形態が「個体」、すなわち"countable"（可算）か、「量状」、すなわち"uncountable"（不可算）かの何れに分属するかを決めなければならないからである。更には、こうした認知だけではまだ不十分で、言語化されるためには、最終的には、「不定冠詞／複数形語尾」（可算名詞）か「ゼロ冠詞・ゼロ形」（不可算名詞）によって表示しなければならない。このように、英語の名詞は、「個体性」と「定 or 不定」の識別という付加作業を経て初めて、発話の中で正しく言語化されるのであり、その情報処理はすべて話し手の義務である。話し手が名詞の存在形態や定 or 不定に関わる厳密な作業を行わない日本語は、英語母語話者にとっては非常に不安を感じるものであろうが、逆に、そうした情報処理を行う必要が一切課せられていない日本語母語話者にとって、英語における名詞と冠詞の使い方は奇々怪々に思えてしまう。

日本人の英語学習者にとって、もう1つの乗り越え難い壁は、have, get, make, give などの基本動詞が紡ぎ出す深くて広い世界である。例えば、have という動詞は、中学生以上であれば、誰もが「持っている」と訳せるだろう。しかし、「持っている」と言うとき、その対象は手に持っているものに限定されるわけではない。He *has* a parcel of land in Fukuoka.（彼は福岡に土地を持っている）のように、所有権という観念的なものを持つこともできる。また、I won't *have* you talking about your father that way.（君がお父さんのことをそんなふうに言うのを許すわけにはいかない）とか、I'm afraid he has *had* you.（あの人、あなたのこと騙していたのよ）のように、出来事や状況も自己の経験領域に所有できるのである。なぜ、基本動詞はこのように使用範囲が広いのだろうか。それは、「基本」であるが故に、イメージがさまざまな方向へと広がっていくからである。本書では代表的な基本動詞を取り上げ、こうしたイメージの広がりを理解してもらうべく、学校英語だけではなかなか使いこなせない基本動詞例文を紹介している。読者の方々の英語学習にささやかな貢献ができれば、これ以上の喜びはない。

　最後に、本書の出版にあたり、さまざまな視点から有益な助言を終始与えてくださった（株）南雲堂元編集部部長、故青木泰祐氏、並びに同社編集部加藤敦氏に心からの感謝を申し上げたい。

平成24年4月1日

著　者

目　次

はしがき ・・・・・・・・・・・・・・・・・・・・・・ 3

Part I　冠詞について考えよう

1. 冠詞は必要？ ・・・・・・・・・・・・・・ 7
2. 可算名詞と不可算名詞 ・・・・・・・・・ 12
3. 単数形と複数形 ・・・・・・・・・・・・ 20
4. 不定冠詞 a(n) について ・・・・・・・・ 28
5. 定冠詞 the について ・・・・・・・・・・ 43

Part II　基本動詞の世界

1. be ・・・・・・・・・・・・・・・・・・・ 66
2. have ・・・・・・・・・・・・・・・・・・ 67
3. get ・・・・・・・・・・・・・・・・・・・ 70
4. make ・・・・・・・・・・・・・・・・・・ 73
5. go ・・・・・・・・・・・・・・・・・・・ 77
6. come ・・・・・・・・・・・・・・・・・・ 79
7. take ・・・・・・・・・・・・・・・・・・ 82
8. bring ・・・・・・・・・・・・・・・・・・ 85
9. give ・・・・・・・・・・・・・・・・・・ 87
10. do ・・・・・・・・・・・・・・・・・・・ 91
11. keep ・・・・・・・・・・・・・・・・・・ 93
12. hold ・・・・・・・・・・・・・・・・・・ 96
13. leave ・・・・・・・・・・・・・・・・・・ 99
14. find ・・・・・・・・・・・・・・・・・・ 102
15. see と look ・・・・・・・・・・・・・・ 105
16. hear と listen ・・・・・・・・・・・・・ 109

Part I　冠詞について考えよう

1. 冠詞は必要？

◀ はじめに ◀ ◀ ◀

　中学校で初めて冠詞を習ったとき、「a は『1 つ』という意味です。でも、訳す必要はありません」「the は 1 度出てきた名詞が、2 度目に出てくるときに使われます。だから『その』という意味です」と習います。そして a と the について我々が教わるのは、中学から大学までを通じてそれだけです。

　でも、これで a と the が使われる規則性が理解できたでしょうか。もちろん答は No. です。もっと正確に言えば、理解できないというよりも、考えもしない（考えてもわからないので）というのが現状ではないでしょうか。

　確かに、冠詞という文法項目（分野）を持たない日本語母語話者にとって、a と the はその存在自体が不可解です。a は「1 つ」という意味だが、訳す必要はないのであれば、「だったら、別に付けなくてもいいじゃないか」とか、「1 つという意味だったら、one を使うほうが分かり易いじゃないか」といった疑問が、また、the は「その」という意味だと言われると、「だったら、that でもいいじゃないか」という疑問が湧き上がってくるからです。しかし、そうした疑問には結局答えてもらうことなく、したがって、冠詞についてまったく勉強することなく、大半の日本人は英語教育を終えてしまいます。

　まずは冠詞に関する具体的な説明に入る前に、なぜ我々には冠詞が難しく感じられ、学習が置き去りにされてしまうのか、また、「難しい」「わからない」という理由で、冠詞を一切使わなかったり、間違ったまま使い続けるとどうなるのかという一般論的観点から、ご質問にお答えしたいと思います。質問と答の部分が重複する箇所が散見されますが、これも Q&A 形式における避け難い結果として、また筆者の力量不足としてお許しください。

Q 1. 何年英語を勉強しても、冠詞（a と the）の使い方がよくわかりません。特に「山脈」「海洋」「河川」…などには the が付くと覚えても、あまり冠詞がわかった気がしません。どうすれば a と the の使い方が身に付きますか？

冠詞は日本の多くの英語学習者を悩ませる問題だと思います。冠詞という文法項目を持たず、また、名詞を可算名詞（数えられる名詞）と不可算名詞（数えられない名詞）に分別して表現することのない日本人にとって、a と the の使い方だけというよりも、「a (n) ＋単数名詞」「the ＋単数名詞」「無冠詞＋単数名詞」「無冠詞＋複数名詞」「the ＋複数名詞」が織りなすコンビネーションが、どうしようもなく複雑怪奇に思えるからです。例えば、日本語では「我々には車が必要だ」と言えば、それで事足ります。「車」は誰がどの文脈で使っても、「車」なのです。つまり、「車」という名詞を覚えれば、何に気を使うこともなく、そのままの形で使えます。ところが英語では、

a. We need *a car*.
b. We need *cars*.
c. We need *the car*.
d. We need *the cars*.

のいずれも文として成立し、使われる文脈に応じて、それぞれが適格あるいは不適格となります。また、通常、車は可算名詞として使われるので、

e. *We need *car*.

といった、日本語感覚から言えば最も自然な英文が誤りとなってしまいます。一方で、不可算名詞として使用される money などは、

f. We need *money*.
g. We need the *money*.

が適格な英文となり、逆に、

h. *We need *a money*.
i. *We need *moneys*.
j. *We need the moneys.

などは不適格となってしまいます。

　こうした例を見ただけでも、「冠詞＋名詞」の組み合わせは、我々に気が遠くなるほど難解な印象を与えます。しかし、「aの用法は1.〜、2.〜、3.〜」「theは次のような名詞の前に置かれる。1.〜、2.〜、3.〜」と羅列して覚えても、冠詞を制覇したことにはなりません。なぜなら、そんな丸暗記をしても、日常生活ではその例文だけでコミュニケーションを行うことはないため、まったく役に立たないからです。もちろん、記憶作業は外国語も含めたすべての学習に不可欠でしょうが、外国語習得の成否は、何よりも正しい感覚に裏打ちされた規則性の理解にあります。本書では、その一助となるべく、冠詞と名詞のコンビネーションが織りなす感覚を若干なりとも伝えていきたいと思っています。それによって、いやそれのみが、ご質問の「aとtheの使い方が身に付く」唯一の方法だと信じるからです。

Q 2. 冠詞を完璧に使いこなしたいのに、いつまでたっても冠詞に対する学習意欲が高まりません。なぜ冠詞の学習は後回しになってしまうのでしょうか？

　「完璧に使いこなしたい」なんて、そんな途方もないことを考える必要はないと思いますよ。もちろん、勉強であれ、スポーツであれ、100％を目指して努力することは素晴らしいと思いますが（冠詞は、ネイティブ・スピーカーが英語を習得する上でも難しい分野だと言われています。英語力が未熟な人は、たとえ英語を母語とする人でも、冠詞が抜け落ちたり、その選択が間違ったりするそうです）。では、なぜ日本人にとって、冠詞の学習は後回しになるのでしょうか。
　まず、既に述べたように、冠詞が日本語には存在しないという理由が挙げられます。名詞、動詞、形容詞、副詞などは日本語にも存在するため、対比しながら

学習できますが、冠詞は日本語にないため（世界的には冠詞を持つ言語のほうが、はるかに少数派です）、母国語との対比学習ができず、それだけ理解が難しいのだと思います。ドイツ語、フランス語、イタリア語などの他の西洋言語にも冠詞は存在しますが、とりわけ英語の冠詞の用法は、他に類がないほど緻密です。

もう1つは、冠詞は名詞、動詞、形容詞、副詞などの意味が豊富な語（内容語と言われています）と違って、文の中で抜け落ちたり、使い方が間違ったりしても、文意が決定的に伝わらないという事態が起きにくい点が挙げられます。

例えば、

   a. *The* woman had a quarrel with her mother in the restaurant yesterday.
     （例の女性は、昨日そのレストランで母親と口論になった）

という文を想定してみてください。もし、この文から内容語が抜け落ちてしまうと、

   The　●　●　a　●　with　●　●　in the　●　●．

となり、まったくコミュニケーションが成立しません。一方、冠詞が抜け落ちても、

   ●　woman had　●　quarrel　with her mother in　●　restaurant yesterday.

となり、もちろん正確な英文ではありませんが、文意は何となく伝わります。これが、名詞や動詞はしっかり覚えても、冠詞の学習を後回しにしてしまうもう1つの大きな理由だと思います。

Q 3. 特に話しているときは、冠詞の正しい使い方が瞬時に理解できず、その不安から英語を話すのを躊躇ってしまいます。こんなことが起きないためには、むしろ冠詞は一切気にしないほうがいいのではないでしょうか？

　我々の思考活動や価値観を担っている言語は日本語であり、また歴史的にも、アジア・アフリカ諸国の中で日本は、唯一と言えるほど、独立を守り通した国なので、英語は生活言語ではありません。だから、生活の中で英語の文法体系が自然と身に付くなんてことは、幻想です。でも、外国語を学習する以上、可能な限りその正しい規則性を理解しようとする努力は続けるべきだと思います。学習とは、どんな些細なことでも、「真理」を追究することにその価値があると思うからです。

　但し、ある文法分野がわからないという不安から、その言語が口から出てこないのでは、まったくもって本末転倒です。外国語の習得は、100％か0％ではないからです。その中間値に我々が位置するのは当然です。だからこそ、80％〜90％の成功率を目指そうではありませんか。そして、その数値を更に高めていく努力をしようではありませんか。さて、ご質問のように今後冠詞を一切無視した学習やコミュニケーションを続けていけば、よくないことが2点あります。

　まず、英語に冠詞というものが存在する以上、英語母語話者はそこに何らかのメッセージを込めてコミュニケーションを行っています。つまり、冠詞を一切排除してしまうと、そうした情報が理解できない、あるいは発信できない事態を招き、場合によっては無視できない誤解が生まれてしまいます。

　「難しい」「面倒だ」という理由から、冠詞を一切排除してしまうことのもう1つの問題点は、学習がその時点で止まってしまい、不正確な言語表現のまま固定化されてしまうという点です。そしてこの学習姿勢は他の文法分野にも影響をおよぼし、「前置詞が難しいから」「関係詞が面倒だから」といってそれらの学習を途中で放棄することとなり、不正確な言語状態の拡大固定化を招いてしまいます。

　これらの理由から、難しく思われる冠詞であっても、英語学習者の宿命だと覚悟を決めて、根気よく勉強を続けていただければと思います。

2. 可算名詞と不可算名詞

◀ はじめに ◀◀◀◀◀

　個人的な経験ですが、中学生のときに初めて「数えられない名詞」といった言葉を聞いたとき、「へぇー、数えられない名詞なんてこの世にあるんだ」という驚きを覚えた記憶があります（その直後に、「これらの名詞は数えられません。数えるときは〜」という説明を受けたときは、頭が変になりそうでした）。そもそも、名詞を表現する際に、その名詞が数えられるかどうかなど日本語では考えもしないからです。

　「本」「友だち」「家族」「水」「情報」「榊原」と名詞を覚えれば、そのままの形で、どこでも使えるのが日本語です。それに比べて、英語はすべての名詞を可算か不可算かに分別してから言語化（表現）しなければなりません。更に、可算名詞（数えられる名詞）として表現するならば、単数と複数のいずれで表現するかも瞬時に判断しなければなりません。そしてこれらはすべて話し手の義務であり、聞き手はそれに基づいて名詞に関する情報処理を行っています。

　従来、可算名詞と不可算名詞に関する説明として、中学・高校では以下のような説明がなされてきました。

I. 可算名詞にのみ当てはまる
① 単数のときは、名詞の前に a を付け（母音で始まる名詞の場合は an になる）、複数のときは語尾に s や es を付ける。
② 裸の形、つまり、「無冠詞＋単数形」では使えない。
③ (a) few, many, several, number of などの修飾語句と一緒に使うことができる。
④ one, two, three などの数詞と一緒に使うことができる。

II. 不可算名詞にのみ当てはまる
① 数えられないので、「1つ」を表す a(n) を付けてはいけないし、複数形も存在しない。
② したがって、裸の形、つまり、冠詞を付けずに使うことができる。

③ (a) little, much, deal of, amount of などの修飾語句と一緒に使うことができる。
④ one, two, three などの数詞と一緒に使うことができない。

Ⅲ．可算名詞・不可算名詞の両方に当てはまる
① the と一緒に使うことができる。
② no, enough, some, any, a lot of, lots of などの修飾語句と一緒に使うことができる。

　確かに、こうした説明は「可算名詞」「不可算名詞」が使われる際の文法的規則を表しており、それ自体間違いではありませんが、実際のコミュニケーションにおいて両者を使い分ける基準としては何も語ってはいません。なぜなら、上記の説明は、可算名詞か不可算名詞かのいずれで表現するかを判断して初めて妥当する分類だからです。
　そしてこの可算か不可算かの分別は、冠詞の学習にとって絶対に避けては通れない問題です。冠詞は名詞と共に使われるため、a(n) の使用も、その名詞が可算か不可算かに応じて決定されるからです。したがって、ここでは冠詞を学ぶための不可欠な前提として、可算名詞と不可算名詞を分別する基準を一緒に学んでいきたいと思います。

> **Q 1.** 名詞には「数えられる名詞」と「数えられない名詞」があると教わりましたが、どうやって分類して覚えればいいのですか？

　学校では、「英語には『数えられる名詞』と『数えられない名詞』があります」と教わるので、可算名詞と不可算名詞が最初からきっちりと分類されているかのような印象を抱いてしまいます。しかし、後ほど詳しく説明いたしますが、可算名詞と不可算名詞は、外部的な客観的基準によって明確に分類できるものではなく、話し手が表現対象とする名詞をどのように捉えているのか（これを専門用語では『認知』と言います）によって決まります。なぜなら、言語表現とは、事物や事象を正確に反映したものではなく、対象の解釈、つまり話し手が表現しようとする対象をどのように捉えているのかを映し出したものだからです。例えば、彼がまだ事業に失敗していなくても、話し手がそう思っていれば、

　　a. He *failed* in the business.

と過去形を用い、また実際には彼女が自分の妻ではなくても、もしそうならと願うときには、

　　b. I wish she *were* my wife.

と仮定法を使います。可算名詞と不可算名詞の分別もまさに、話し手がその名詞の存在をどのように解釈しているかにかかっています。
　このように考えれば、「英語には『可算名詞』と『不可算名詞』がある」という説明の仕方は、実は不適切であることがおわかりいただけると思います。ほとんどの名詞が「可算」「不可算」のいずれでも使えるからです。だから、「分類して覚えよう」なんて考えないでください。そもそも、最初から分類など不可能なのです。

Q 2. I want dog. はなぜ間違いなのですか？

「私は犬が欲しい」という意味を伝えたいのなら、"I want dog." は間違いです。もちろん、これは「可算名詞」と「不可算名詞」の問題と直接関係があります。ここでは、「可算名詞」と「不可算名詞」を分ける原理について更に詳しく学習しましょう。

繰り返し強調したように、「車」「水」「海」とその単語を覚えれば、どんな場面や状況でも、そのまま「車」「水」「海」と使える日本語とは違い、英語では、すべての名詞を「数えられる名詞」（可算名詞）と「数えられない名詞」（不可算名詞）に分別して表現する必要があります。正しい英語を身に付けたければ、この問題から逃げることはできません。なぜなら、名詞とは、主語や目的語に見られるように、文を作る上で常に存在している品詞だからです。そして、数えられる名詞として表現するならば、単数なら a(n) を付けたり、複数なら語尾に s を付けたりする必要が生じます。

では、最初から可算か不可算かに分類して覚えるべきなのでしょうか。答えは No. でしたね。なぜなら、機械的な分類は不可能であり、すべての名詞は可算でも不可算でも使えるからでした。もっとも、英語も含めて言語とは慣習の産物なので、ある名詞がどちらの使われ方をするほうが多いのかという現実はあります。でもそれは、「慣習的には」というだけであって、数学や物理の公式とは違います。ただ慣習上の原則であっても、「なぜそうなのか？」がわからなければ、生活言語でない英語の理解は望めません。

端的に言えば、「可算名詞」か「不可算名詞」かの分別基準は、具体性の有無にあります。具体性があれば可算名詞となり、具体性がなければ不可算名詞として言語化（表現）されます。そしてこの判断には何らかの外部的・客観的基準があるのではなく、話し手の認知、つまり、話し手が対象となる名詞をどう捉えているかによって決まります。例文で確認しましょう。「具体性」と言えば、まず物理的形状が考えられます。

a. There are five *rooms* in my house.
   （私の家には部屋が5つある）
b. She made some *room* for me.
   （彼女は私のためにスペースを作ってくれた）

c. He built a *school* in his native village.
   （彼は生まれた村に校舎を建設した）
d. He goes to *school* every day.
   （彼は毎日通学している）

a. では壁によって仕切られた、具体的な形を備えた「部屋」が、b. では具体的な形をイメージできない「空間」が意識されています。また c. では具体的な形状をした建造物としての「校舎」が意識されているのに対して、d. では具体的な形状をイメージできない「教育の場」が意識されています。だから、a. と c. が可算名詞として、b. と d. が不可算名詞として表現されているのです。もちろん、具体性は物理的な形状に限られたことではありません。

e. I haven't seen her for a long *time*.
   （彼女に長い間会っていない）
f. *Time* is money.
   （時は金なり）

g. There may be *a war* between the two nations in the near future.
   （近い将来その2国間で戦争が起きるかもしれない）
h. Let's talk about *war* more seriously.
   （戦争についてもっと真剣に話し合いましょう）

i. Three *teas* and four *coffees*, please.
   （紅茶3つと、コーヒー4つをお願いします）
j. I like *tea* better than *coffee*.
   （コーヒーより紅茶が好きだ）

e. では具体的な時間幅を持った「長い間」が、g. では具体的な出来事としての「戦争」が、i. では具体的な形状をした容器に入れて出される「紅茶とコーヒー」がイメージされているため可算名詞として言語化されています。一方、f. では無限の過去から無限の未来へと流れる具体的な長さをイメージできない「時間」が、h. では地理的にも時代的にも具体性のない「戦争」が、そしてj. では具体的な容器を意識しない液体としての「紅茶とコーヒー」がイメージされているため、不可算名詞として言語化されているのです。

　ご質問の "I want dog." が、「私は犬が欲しい」という意味にならない理由もおわかりですね。具体的な形状をした「犬」を表現したければ、a dog か dogs にする必要があるからです。"I want dog." だと、犬としての具体的な形状を失ってしまったもの、つまり、"beef" や "pork" と同じく、解体された「犬肉」になってしまいます。

Q 3. 同じ名詞を「可算名詞」と「不可算名詞」の両方で用いることができると聞きましたが、どんな名詞にもそれが妥当するのでしょうか？

　この世に存在するすべての名詞にそれが妥当するかどうかは断言できませんが、どう考えても「可算」としか思えない名詞の場合も、あるいはその反対の場合も、両方の用法が可能です。Q 2. からの続きの例文として参考にしてください。

a. My father eats some *apples* every week. →可算
　（父は毎週リンゴを食べている）
b. Put some *apple* in the salad, please. →不可算
　（リンゴをサラダに入れてください）

a. では本来の形状をした「リンゴ」が、b. では切り刻まれて原形を失ってしまった「リンゴの身」が認知されています。

    c. Jane has long *hair*. →不可算
      （ジェーンは長い髪をしている）
    d. There were a few *hairs* left on the bed. →可算
      （ベッドには髪の毛が数本残っていた）

c. では個々の毛髪が全体の中に溶け込んでしまった状態の「頭髪」が、d. では具体的形状を備えた 1 本 1 本の「髪の毛」が認知されています。

    e. There were lots of *babies* crying in the room. →可算
      （部屋では多くの赤ん坊が泣いていた）
    f. There were too much *baby* crawling in the room. →不可算
      （部屋では赤ん坊がうじゃうじゃ這い回っていた）

e. では、いくら多数であっても、依然として人間としての具体的形状を備えた「赤ん坊」が、f. では既に赤ん坊の形状すらイメージできない「うじゃうじゃ状態」が認知されています。

    g. I like *history* best of all the subjects. →不可算
      （すべての科目の中で歴史が一番好きです）
    h. Japan has a long *history*. →可算
      （日本は長い歴史を持った国です）

g. では抽象的に捉えた歴史が、h. では具体的長さを持った「日本史」が認知されています。

    i. There were not so many *cats* in the park. →可算
      （公園にはそんなに多くの猫がいなかった）
    j. This room smells of *cat*. →不可算
      （この部屋は猫の臭いがする）

i. では本来の形状をした「猫」が、j. では具体的形状をイメージできない「猫の臭い」

が認知されています。

- k. Let's have *lunch*, shall we? →不可算
  (お昼ご飯を食べませんか？)
- l. I'd like *a* light *lunch* now. →可算
  (今は軽い昼食がいい)

k. では抽象的に捉えた「昼食」が、l. では具体的イメージの湧く「軽い昼食」が認知されています。

最後に、次の例はどうでしょうか。

- m. We badly need a *computer* in our office. →可算
  (オフィスにはコンピューターがどうしても必要だ)
- n. *Computer* is the greatest invention in this century. →不可算
  (コンピューターは今世紀における最大の発明だ)

m. ではもちろん具体的な形状を備えた「機器としてのコンピューター」が認知されていますが、n. では「コンピューターが備えた機能的側面」がイメージされているため、不可算名詞として言語化されています。

　どうですか？ ほとんどの名詞には可算用法と不可算用法のあることがわかっていただけたかと思います。

3. 単数形と複数形

◀ はじめに ◀ ◀ ◀ ◀

　英語で名詞を表現する場合、可算か不可算かの分別だけですべてが終わるわけではありません。可算名詞として言語化するならば、その名詞が単数か複数かも明確にする義務があります。この点も、名詞の数にさほど関心がない日本語母語話者には大きな負担となります。もちろん日本語にも「～たち」「～ら」「～ども」といった複数形を示す表現があります。でも、「小栗君たち」「あの人ら」「野郎ども」といったように、ごく限られた名詞にしか使えません。おとぎ話や戯（おど）けて言う場合を除けば、「扉たち」「カエルら」「テーブルども」とは言いません。日本語では名詞の単複は文脈に依存させて理解するので、名詞の語尾を変化させるという付加作業をわざわざしなくても、コミュニケーションに障害が生じないからです。ところが英語では、"a door or doors" "a frog or frogs" "a table or tables" のいずれで言語化するのかを最初から求められます。「あー、本当に面倒だ」といった恨みにも似た嘆きが伝わってきそうですが、これが外国語学習の宿命なのです。日本語には日本語の規則があるように、英語には英語の規則があるからです。書き方、音読み、訓読み、送り仮名など、外国人には難解な漢字規則を覚えなければ日本語でコミュニケーションができないのと同様、名詞の可算・不可算、単複、更には the or a(n) などの定・不定などに常に注意を払わなければ、英語での正確なコミュニケーションは望めません。だからこれからは、例えば、「自転車が必要だ」と言いたければ、

a. We need *a bike*.
b. We need *bikes*.

のどちらなのかを明確にして表現するよう心掛けてください。

Q 1. 英語で複数形を用いるときは、その名詞が必ず 2 つ以上あることを表しているのですか？以前、"One and a half miles is not a long distance."（1.5 マイルは長い距離ではない）といった英文を見たことがあります。「1.5 マイル」は 2 以下なのに "miles" と複数形になっているにもかかわらず、動詞は "is" と単数形の主語と一致する形になっています。これは矛盾ではないですか？

この疑問には 2 つの観点からお答えする必要があります。まず、"One and a half *miles*"（1.5 マイル）と、2 以下なのに複数形になっている点ですが、実は複数形の使用は、絶対に「2 つ以上」の場合に限られているわけではありません。例えば、人や動物は、「1.7 人」「1.4 匹」といった事態は考えられませんが、時間や距離などは、「1 日半」「1.8 キロ」といった 2 未満の数も常時登場し、その場合は複数形で使用されることが多いからです。したがって、2 未満の数であっても、1 以上であれば複数形が使われる事実が多い点を覚えておいてください。

次に、主語が "miles" と複数形なのに、動詞が "is" になっており、主語と動詞が呼応（一致）していない点ですが、これは複数形で表された数字（1.5 マイル）を 1 つのまとまりを持った単位として、話し手は認知しているからです。この点は数字がいくつになっても同じです。

a. *Ten days is* not a short period.
（10 日間は短い期間ではない）
b. *Fifty kilograms is* the maximum.
（50 キロが上限だ）

なお、こうした捉え方は、"audience" "class" "committee" "family" "team" など、「集合名詞」と呼ばれている名詞にも妥当します。例えば、

c. *Is* his *family* well?
—Yes. *They're* all fine.
（彼のご家族はお元気ですか？―はい、みんな元気です）
d. His *family* is going to visit Japan next year.
（彼の家族は来年日本を訪ねる予定です）

のいずれも適格な英文です。日本語では「彼の家族」と同じ表現が使われていますが、英語では個々の構成員に焦点がある c. で、They (=all of his family members) と複数扱いとなっているのに対し、1つの集合体としての家族に焦点がある d. では単数扱いになっています。

> **Q 2.** 英語の複数形は、常に複数として訳すほうがいいのですか？つまり、"I have brothers." は「私には兄弟が何人かいる」、"She bought books in Ginza yesterday."（彼女は昨日銀座で本を何冊か買った）が正確な和訳となるのでしょうか？

　これは我々日本人が何となく疑問に思っていても、答のよくわからない問題だと思います。なぜなら、中学校で「a = 1つ」と教わるので、その反対解釈として、「複数形＝いくつか」という図式が定着してしまっているからです。

　結論から申し上げますと、ご質問の英文の和訳は、「私には兄弟がいる」「彼女は昨日銀座で本を買った」でいいと思います。ただ、兄弟が複数であること、買った本が複数であることを表しているだけです。もっとも、和訳から英語を100%理解できると考えるのは間違っています。各言語には独自の思考習慣と規則性があり、それらは母国言語への翻訳作業ではすべて解消しきれないからです。

　不定冠詞 a(n) の箇所でも詳しく説明いたしますが、a(n) が積極的に「1つ」と数える感覚でないのと同様、複数形も積極的に「2つ以上」と数を強調する感覚ではありません。歴史の過程で、「a(n) or 複数形」という文法標識は、単数性と複数性を強調する機能を副次的なものとし、その名詞が具体性を備えた存在、つまり、可算名詞であることを標示する働きを主たるものとしていきます。次の英文を見てください。

　　a. Do you have any *questions*?
　　　—*Yes*. I have one *question*.
　　　（質問はありますか？—はい、1つあります）

　もし a(n) が「1つ」を、複数形が「2つ以上」を強調しているのであれば、「2つ以上の質問 (questions) がありますか？」という問に対しては、「いいえ、1つ

だけです」と答えなければなりません。つまり、答はまず "Yes" ではなく、"No" になるはずです。ところが、"Yes, I have one question." という英文にはどこも文法的な誤りはありません。このことが意味しているのは、"questions" は、「質問が2つ以上ありますか？」と尋ねているのではなく、「（数はいくつであれ）質問はありますか？」と尋ねているという点です。ただ、発話者は単複の区別に関して、感覚的に複数を想定して "questions" と聞いているだけであり、「2つ以上」を強調しているのではありません。同様にこの事実は、「a(n) + 単数名詞」にも当てはまります。a(n) が「1つ」という数を強調していないことは、

 b. Do you have *a question*?
  —*Yes*. I have *three*.
  （質問はありますか？―はい、3つあります）

と、"Yes" で答える英文が正しいことにも表れています。
　但し、「可算名詞」「不可算名詞」という概念のない日本語では、a(n) と複数形が共通に備えた「可算 vs 不可算」の分別機能を上手く表せないのは当然であり、結局は、「a(n) ＋単数形」「複数形」という形態に沿って、単数か複数かを強調する和訳しかできなくなってしまうのでしょう。"a hundred of ～" を「百の～」と訳し、"hundreds of ～" を「数百の～」と訳してしまうのもその例だと思います。でも、これは日本語と英語の言語的特性の違いであり、思考体系と規則性が異なる言語間で翻訳を行えば、不可避的に生じてしまう現象です。決して言語間の優劣を示すものではありません。
　蛇足ながら、英語で積極的に「いくつか」と言いたければ、"several" を使ってください。"some" ではありません。中学校で some ＝「いくつか」と教え込まれるので、"some" を「いくつか」と訳し続ける人が多くいますが、「～というものもいる、そういうものもある」というのが "some" の本質であって、決して「いくつか」と複数性を強調する表現ではないのです。その証拠に、"someone / somebody" "something" になれば単数扱いになり、また、"Give me some water." といったように、不可算名詞と共に使うこともできます。

Q 3. 可算名詞を表現するときに、単数形と複数形のどちらを用いるかはどうやって判断するのですか？何か基準があるのでしょうか？

　単数か複数かを選択する際、機械的な基準が存在しているわけではありません。でも、これは常識や前後の文脈、またその文を発するときの話し手の感覚や心象風景から、多くの場合判断できると思います。例えば、「正史、お前には奥さんが必要だ。どうして結婚しないんだ？」言いたければ、

  a. You need *a wife*, Masafumi. Why don't you marry?

となります。多くの男性にとって "wives" は夢かもしれませんが、日本や欧米の常識では、"You need wives." と「奥さん」を複数形では言えないからです。また、

  b. We need *a car* (*or cars*).
    （車が必要だ）
  c. I prefer *a dog* (*dogs*) to *a cat* (*cats*) for *a pet* (*pets*).
    （ペットとして飼うなら猫より犬がいい）

のように、「必要としている車が1台か複数か」「ペットして飼いたい犬は1匹か複数か」は、話し手自身が置かれた状況や心情から容易に判断できるはずです。
　では、「そんなことは5歳の子供でも知ってるぞ」はどうですか？ これは、

  d. Even *a child* of five knows something like that.

と単数形で表現するのが自然だと思います。「5歳の子供に聞いてみたって」と言う場合、複数の子供を並べて聞いている情景よりも、5歳の子供を1人選んで話しかけている情景のほうが、話し手の瞼に浮かぶのではないでしょうか。また、「トラとライオンの戦いを見たことある？」も、

  e. Have you ever seen a *fight* between a *tiger* and a *lion*?

と単数形で表現すべきでしょう。トラとライオンが複数同士入り乱れて戦う様ではなく、それぞれ1頭が牙を剥き、爪を立て、咆哮しながら血みどろの戦いを演じる姿こそ、猛獣の鬼気迫る映像だからです。

逆に、「湖に白鳥が戻って来た」「扉を閉めてくれ。虫が入ってくるから」であれば、

 f. *Swans* have come back in the lake.
 g. Close the door, will you? *Bugs* may come in.

と複数形の選択がその情景にぴったりです。湖上を悠然と泳ぐ白鳥の群れ、ブンブンと羽音を立てて耳元を飛び回るうっとうしい蚊や羽虫たちが真実味を帯びた風景として迫ってくるからです。

このように、すべてとは言いませんが、単数形か複数形かは常識の範囲内で処理できる場合が多いと思います。

Q 4. 「a＋単数形」と「複数形」には一般論を表す「総称用法」があると聞きました。どちらを使っても同じなのですか？

決して同じではありません。ご指摘のように、「a(n)＋単数形」「無冠詞の複数形」には、「〜というものは」という意味を表す総称用法がありますが、言語では構造（表現形式）が異なる以上、必ずどこかに意味の違いが存在します（the を使った総称用法もありますが、これは the の箇所でご説明します）。まず、次の英文を見てください。

 a. *A baby* will cry.
 b. *Babies* will cry.

2文とも「赤ん坊とは泣くものだ」という意味の総称用法です。この場合、「習性・習慣」を表す助動詞 will があるのでわかりやすいと思いますが、いずれにしても総称用法としては、"A baby" も "Babies" も可能です。集合全体に当てはまる習性や習慣を表す場合は、その中の1つを見本として任意に取り出し、その特性を

述べることによって全体の特性にも言及しようとする「a(n) ＋単数形」も、複数の見本を任意に取り出し、その特性を述べることによって全体の特性にも言及しようとする「無冠詞の複数形」も、共に認知プロセスとしてはあり得るからです。但し、「無冠詞の複数形」のほうが使われる頻度が高いと言われています。それは、単数の見本よりも、複数の見本から全体の特性を推定しようとする認知プロセスのほうが、「広く当てはまる」という一般論に適合しやすいからでしょう。

一方、以下の英文も総称用法として使われていますが、c. の文は不適格とされています。

  c. *A swan* is becoming almost extinct.
   （白鳥は絶滅しかかっている）
  d. *Swans* are becoming almost extinct.
   （白鳥は絶滅しかかっている）

これは「絶滅＝その種類すべての構成員が消滅する」というイメージが、「a(n) ＋単数形」が持つ「1つ」というイメージと相反するからです。a(n) は積極的に「1つ」と数を強調する感覚ではありませんが、根底では「1つ」というイメージとの繋がりが残されています。また、名詞が目的語の位置に置かれたときにも、「a(n) ＋単数形」と「無冠詞の複数形」の双方を使える場合もあれば、「彼は女好きだ」といった文であれば、

  e. △ He loves a girl.
  f. He loves girls.

と「無冠詞の複数形」のほうが容認度において高いとされています。"a girl" だと「ある1人の女の子」を聞き手に連想させてしまい、「誰なの？」といった質問が返される可能性があるからでしょう。広く一般に当てはまる感覚、言い換えれば、他のイメージを湧かせない感覚によって、「無冠詞の複数形」が総称用法として安定性を得ている例が、ここにも表れています。

逆に、「お化けを見たことある？」と尋ねる場合は、

g. Have you ever seen *a ghost*?

のほうが自然です。「1人の幽霊でも」といった感覚があるからでしょう。これは「a(n)＋単数形」が根底で持っている「1つ」というイメージが、総称用法においても機能している一例です。

4. 不定冠詞 a(n) について

◀ はじめに ◀ ◀ ◀ ◀

　「英語では名詞が 1 つのときは、その前に a を付けます。名詞が母音で始まるときは、a が an になります」という説明は、中学 1 年生の 1 学期にまず教わる知識です。「そうか、a は『1 つ』という意味なんだ」と納得したまま大学まで卒業してしまう日本人が大半ではないでしょうか。でも、「不定冠詞」と呼ばれている a(n) には、「1 つ」という意味だけでは解消しきれない働きがあります。まず何よりも、a(n) が積極的に「1 つ」を表しているのなら、「数詞」one とまったく同意なのか否かが語られていません。実は言語では、構造が違えば、必ずどこかに意味の違いがあります。2 つの表現が、その構造が異なるのに、意味がまったく同じであれば、言語経済上どちらかの表現は不要となり、消滅の運命を辿るからです。

では、a(n) はどういった機能を果たすために存在しているのでしょうか？ 詳しくは個々のご質問の中で繰り返し説明いたしますが、ここではその前提知識として、以下の点を理解しておいてください。それは、

① 表現対象の名詞が「可算名詞」であることを示している、
② a(n) には「1 つ」という含意がある（意味として含んでいる）が、それは積極的に「1 つ」と数える感覚ではない、
③ a(n) の持つ「1 つ」という含意は、「複数存在するうちの特定されない 1 つ」という感覚である、

という諸点です。

　ただ、③に関しては若干の補足説明が必要です。しばしば、「the は 1 つしかないときに使われ、a(n) は 2 つ以上存在するときに使われる」という説明がなされますが、実は、the と a(n) を区別する決定的要因は「1 つか 2 つ以上か」という数の問題ではないのです。つまり、「1 つしかないときに the が使われる」というのは、世の中に存在する数を基準にしているのではなく、「その名詞が何を指しているのかが聞き手にわかる」とい

う意味で、「1つ」あるいは「1つの集団」に決まると言っているのです。もちろん、それがこの世に1つしか存在しない場合もありますが、数の単複が絶対的基準となっているのではありません。同様に、「a(n)は2つ以上存在するときの特定されない1つを指す」と定義されることもありますが、これもその名詞が世の中に1つしかないのか、2つ以上あるのかが絶対的基準になっているわけではありません。theとは反対にa(n)は、「その名詞が何を指しているのかが聞き手にはわからない」という意味で、「特定されない1つ」と言っているのです。当然そうした場合には、2つ以上存在するうちの特定されない1つを指す場合が多いでしょうが、絶対に2つ以上存在していなければならないというわけではありません。ただ、本書では便宜上、冗長な言い回しを避けるため、「複数存在するうちの特定されない1つ」という表現を使わせていただきますが、あくまでa(n)はそうした事実を一般的には含意しているというだけであって、1つしか存在しない場合でも、a(n)が使われることもあります。

　では、a(n)に関する素朴な疑問について考えていきましょう。

Q 1. 日本人には "He has a car." と "He has car." のいずれであっても、まったく問題ないように思えるのですが、どうして英語では「1つ」と言わなければいけないのですか。もし聞き手が数を知りたければ、「いくつ？」「何人？」「何台？」と聞けばいいだけじゃないですか？

　ごもっともな疑問です。冠詞を持たない日本語母語話者にとって、a や the といった冠詞は実に厄介な存在です。他の質問箇所でも詳述していますが、英語の a(n) は「1つ」と言っているわけではないのです。もちろん、その名詞が単数であることを含意していますが、積極的に「1つ」と数えているのではありません。英語では名詞はすべて、その使用に先立って、数えられる個体として存在しているのか（可算名詞）、それとも数えられない量的な連続体として存在しているのか（不可算名詞）を分別しなければならない点、またこれは話し手が対象となる名詞をどう捉えているかによって決まるという点は、既に述べました。そして、a(n) は可算名詞を単数として言語化する場合、その名詞の前に置かれます。これらの事実は何を表しているのでしょうか。それは、a(n) が「1つ」という意味を希薄化させ、その名詞が可算か不可算かを聞き手に伝える標示機能を発達させていったという点です。この働きこそが、数詞 one にはない、a(n) の中核的機能です。したがって、具体的形状をした個体としての「車」をイメージして、「彼は車を持っている」と言いたければ、"He has a car." と表現する必要があります（但し、「1台」と積極的に数を強調しているのではありません）。次の文を見てください。

　　博：昨日友人とカラオケに行ったんだ。
　純子：へぇー、そうなの。何人で？

といった会話からおわかりのように、日本語では名詞「友人」が数えられるか否かといった点だけでなく、その友人が単数なのか複数なのかといった点も、情報を発信する際にまったく気にする必要はありません（そもそも、「数えられる」「数えられない」といった概念すらありません）。どうしても、数を知りたければ、純子の発言に見られるように、「何人？」と聞けばいいだけです。それだけで我々のコミュニケーションは事足ります。ところが、英語では可算名詞を言語化する場合には、これらの情報も発信側が最初に負担しなければならない義務なのです。

Part I-4. 不定冠詞 a(n) について

Q 2. a(n) は「1つ」という意味だと習いました。そうすると、"I have a dog." と "I have one dog." は同じ意味になるのですか？

　前のご質問と関連していますが、これは中学1年生で、「a は 1 つという意味です」と習って以来、終生日本人の中に燻る疑問なので、少し詳しく取り上げさせていただきました。結論から言えば、"I have a dog." と "I have one dog." は同じ意味ではありません。つまり、a(n) = one という等式は成り立たないのです。

　確かに、不定冠詞と呼ばれている a(n) は、「特定されない1つ」を示す働きをしているため、one と同意のように思われています。また歴史的にも、古英語の時代の数詞 an が、中期英語では on / oon、そして one へと変化し、更には one と機能的にも分化する形で不定冠詞の an が発達していきます。その後、an book といった子音の衝突を避けるために、音声的に an が弱化していき、a が生まれました（学校では a が原則で、an が例外的に使われると教えられますが、歴史的には an が先に誕生したのです）。つまり、a(n) と one は同じ語源なので、今でも a(n) には「1つ」という意味が含まれています。しかし a(n) は、それが英語の中で定着していく過程で、数詞 one とは決定的に異なる働きをするようになります。それは、積極的に「1つ」を表す機能は one に譲り、名詞が具体性を備えたもの（可算名詞）として存在していることを、聞き手に標示するという働きです。これが one からの分化過程において、a(n) が担うようになった文法的機能です（one にはこうした抽象的文法機能はありません）。したがって、a(n) は「1つ」という意味を含んでいますが、それは単数を含意しているというだけであって、数えるような感覚で「1つ」と表現しているのではありません。現代英語におけるこうした a(n) と one の違いを例文で確認しておきましょう。「これは車です」は、

　　a. This is *a car*.

とは言えても、

　　b. *This is *one car*.

とは言えません。また、「彼らはここに車で来た（電車でもバスでもなく、車で来た）」という意味では、

 c. They came here in *a car*.

となり、

 d. *They came here in *one car*.

は不適格です。反対に、「彼らはここに1台の車で来た（2台以上ではなく、1台で来た）」と強調したければ、

 e. *They came here in *a car*.

ではなく、

 f. They came here in *one car*.

となります。
 a(n) が「特定されない1つ」を含意していながら、数を強調しているわけではないことを示すもう1つの例として、次の対話を見てください（これは単数形と複数形の箇所でも述べましたね）。

 g. Do you need *a car*?
  —*Yes*. We need *two*.

もし a car が「1台の車」と数を強調する表現であれば、答えるほうは、"Yes" ではなく、"No. We need two." と答えなければなりません。ところがこの場合、"Yes" で正解です。なぜなら、聞き手は、「車というものを必要としているか？」と聞いているのであって、「必要としている車は1台か？」と数を尋ねているわけではないからです。

もうおわかりですね。ご質問の英文 "I have a dog." は、敢えて和訳すれば、「私は（他の動物ではなく）犬を飼っている」であって、その犬が単数であることを含意しているだけです。それに対して、"I have one dog." は、「私は犬を1匹飼っている（2匹以上ではなく、1匹飼っている）」と言っているのです。

Q 3. 英語では新しい情報を紹介するときは名詞に a(n) を付けると習いましたが、いつも a(n) が付くのでしょうか？

いつも a(n) が付くとは限りません。そもそも a(n) が付くには、可算名詞を単数形で表現する場合でなければなりません。文脈や常識から判断して、複数形で表すほうが適切なこともあります。ただ、一般的に言って、話の中に新情報として可算名詞を導入するときは、それが単数の場合は、「a(n) ＋単数形」という形が多く使われるのは事実です。その理由は、a(n) が持つ「特定されない1つ」「決まらない1つ」というイメージにあります。例えば、

a. Have you ever heard of this? He has a *new car*.
（聞いた？ アイツ、新車持ってるぜ）

という文において、話し手はなぜ不定冠詞を用いているのかと言えば、聞き手にとっては世の中に存在する新車のうちの「特定されない1台」「決まらない1台」だからです。言い換えれば、どの新車なのかまだこの時点では聞き手に特定できないということは、新情報に他なりません。したがって、1つの自然な会話の一例として、

b. Have you ever heard of this? He has *a new car*. *It's* (*The car* is) stunningly cool ...
（聞いた？ アイツ、新車持ってるぜ。それが凄くカッコよくてさ…）

といった文の流れが考えられます。

Q 4. 「a(n) は 2 つ以上あるときに、the は 1 つしかないときに用いる」と習いました。そうすると、"That is the girl who spoke to me yesterday." では、「昨日私に話しかけてきた女の子は 1 人しかいない」ことを表し、一方、"That is a girl who spoke to me yesterday." では、「昨日私に話しかけてきた女の子は他にもいる」ことを表しているのでしょうか？

ここで再度、不定冠詞 a(n) が持つ働きを復習しておきましょう。それは、

① その名詞が可算名詞であることを標示する、
② 積極的に「1 つ」と数を強調しているのではなく、その名詞が単数であることを含意しているにすぎない、

の 2 点でしたね。但し、a(n) をより深く理解するためには、もう 1 点必要なことがあります。それは定冠詞 the との使い分けです。前述のように、また、the の箇所でも改めて説明するように、存在する数が 1 つだけか 2 つ以上かが、the と a(n) の決定要因ではありません。the はその名詞が何を指しているのかが聞き手にわかると話し手が判断する場合に、a(n) はそうでない場合に使われるというのが、the と a(n) の使い分けに関する基本原理です。したがって、"That is the girl who spoke to me yesterday." と "That is a girl who spoke to me yesterday." は、どちらも適格な英文ですが、以下に述べる違いがあります。

　実際のコミュニケーションでは、文はそれ単独では存在しません。つまり、相手の文に対応する形で、互いが文を発していきます。"That is the girl 〜 ." と定冠詞が使われているのは、聞き手には指示対象を絞ることができると話し手が判断しているからです。そうした場合には、通常、その女の子のことが既に話題になっていて、例えば、「昨日この中に俺に話しかけてきた女の子がいるんだ」「へぇー、誰なの？」といった文脈が先行しています。だから、「あの子がそうだよ」と、聞き手にも当然何を指しているのかがわかるため、話し手は the を使っているのです。この場合は、"who spoke to me yesterday" の部分がなくても、十分コミュニケーションは成り立ちます。

　一方、"That is a girl 〜 ." と不定冠詞が使われているのは、聞き手にはどういっ

た女の子を指しているのかがまだわからないと話し手が考えているからです。例えば、「あれは昨日俺に話しかけてきた女の子だ」と、a girl を新情報として文に導入する場合です。このときは、"who spoke to me yesterday" の部分は絶対に省略できません。"That is a girl."（あれは女の子だ）で終わってしまうと、相手は不可解な気持ちで、「それで？」と聞き返すしかないからです。

　もちろん、"That is the girl who spoke to me yesterday." には、「昨日私に話しかけてきた女の子は 1 人だけで、他にはいない」という状況も考えられます。でもそれは、そういう場合もあるというだけです。また、"That is a girl who spoke to me yesterday." には、「昨日私に話しかけてきた女の子は複数いて、あの子がそのうちの 1 人だ」という状況も考えられます。しかし、これもそういった場合もあるというだけです。数の単複が、the か a(n) の選択における決定要因ではないのです。

> **Q 5.** その名詞が何を指しているのかが聞き手にわかると話し手が判断するときには the が用いられる」と習いましたが、"You've graduated from a prestigious university, so you'll get promoted soon."（君は有名大学を卒業したので、すぐに昇進するだろう）という英文を目にしたことがあります。この場合、聞き手にとっては、自分が卒業した大学なので、どの大学を指しているのかは明白であり、話し手も当然そう判断するはずです。それなのにどうして the ではなく、a が使われているのですか？

　定冠詞 the の使われる文脈（コンテクスト）はご指摘のとおりですが、たとえそうしたコンテクストがあっても、不定冠詞 a(n) が用いられる場面があります。すなわち、何を指すのかの判断が聞き手に可能であっても、その名詞がどういった内容なのかを記述し、それを新情報として聞き手に伝えようとするときには、the ではなく、a(n) が使用されます。例えば、次のような英文を挙げることができます。

　　a. Sakakibara Foundation is *an organization* for giving financial help to accountants.
　　（榊原財団は、会計士たちに経済的援助を与えるための組織である）

b. Nippon Steel is a *company* for which my husband began to work right after his graduation from college.
（日本製鋼は、夫が大学を卒業してすぐに就職した企業です）

　通常、「榊原財団」「日本製鋼」といった固有名詞は世の中に1つしかなく、聞き手には指示対象の判断が可能なので、a(n) ではなく the にすべきだと考えても無理はありません。"the organization" が「榊原財団」を、"the company" が「日本製鋼」を指すことは聞き手にも明白だからです。しかし、これらの文では、「榊原財団」がどういった組織か、あるいは「日本製鋼」がどういった企業かを記述して伝達することに焦点があるため、言い換えれば、指示対象を判断することが可能でも、それを聞き手に求めていないため、"an organization" "a company" と不定冠詞が使われているのです。

Q 6. 「a(n) は2つ以上あるうちの決まらない1つを表し、the は1つに決まるときに使う」と習いましたが、"He was a president of the company."（彼はその会社の社長だった）という文を見かけました。普通、1つの会社に社長は1人なので、"He was the president of the company." が正解だと思うのですが。それとも、この場合は、その会社に社長は2人以上いて、彼はその中の1人だったと解釈していいのでしょうか？

　いいえ、通常、1つの会社には社長は1人であり、彼は2人以上いる社長のうちの1人だったと言っているのではないと思います。学校の教科書や参考書でよく見かける説明として、「1つしかないときには the を使う」「"of～" のように、後から前置詞＋名詞で限定されると the を使う」「関係詞節の修飾を受けるときは the を使う」というのがあります。もちろん、それだけを取り上げると、間違っていると目くじらを立てる必要はありませんが、まったく当てはまらない英文が数多く存在する現実を説明できません。

　では、なぜ "a president of the company" と、the ではなく a が用いられているのでしょうか。実は、この英文で不定冠詞が使われているのを理解するポイン

Part I-4. 不定冠詞 a(n) について

トは、"of the company" の部分ではなく、"He was" の部分にあります。次の2文を比較してください。

> a. What does he do? —Oh, he is *the president* of XY company.
> （彼はどんな仕事をしているの？—ああ、XY社の社長だよ）
> b. What did he do? —Oh, he was *a president* of XY company.
> （彼はどんな仕事をしていたの？—ああ、XY社の社長をしていたよ）

どうです、お気づきですか？ the が使われる文脈は、聞き手に指示対象がわかると話し手が判断するときでしたね。a. の文では、「彼は現在XY社の社長をしている」と言っているのです。このとき、XY社の社長の座には彼しかいないはずです。なぜなら、「現在」という時代と、「XY社」という空間の双方を同時に満たす社長は、通常、1人だけであり、聞き手も常識からそう判断できるからです。

一方、「彼はXY社の社長をしていた」と言っている b. はどうでしょうか。たとえ「XY社」という同じ空間であっても、異なった時間幅に区分できる「過去」という時代には、社長は彼だけではなかったはずです。したがって、聞き手に指示対象の決定を求めることができないため、不定冠詞 a が使われているのです。言い換えれば、この文は、過去に複数存在した「元社長」の1人、

> c. He was *a* former president of XY company.
> （彼はXY社の元社長だった）

の意味を表しているのです。

もちろん、XY社が設立されたばかりの若い会社で、過去に社長は彼しかいなかった場合には、

> d. He was *the president* of the company.

となります。また、「去年の5月は、彼はXY社の社長をしていた」であれば、過去であっても時期が限定される結果、当時の社長は彼だけに決まるので、

37

e. He was *the president* of the company in May last year.

と the が使われます。

このようにたとえ名詞が「社長」「大統領」「キャプテン」だからといって、必然的に the が付くわけではなく、「時」や「場所」などの要因を加味して判断しなければなりません。

> **Q 7.** 「a(n) ＋単数形」には総称用法というものがあり、その種類全体を代表させる働きがあると聞きました。どうして「1 つ」を表す a(n) が、まったく逆の種類全体を表すことができるのですか？

まったく逆なのではありません。共通のイメージから生まれたものです。言葉とはそういうものです。確かに、不定冠詞 a(n) には、「〜というもの」という種類全体を代表させる働きがあり、一見すると、「1 つ」という意味と矛盾するようです。しかし、特定されない（決まらない）1 つを取り出すときに用いる a(n) は、「どの特定されない（決まらない）1 つを取り出しても」という any の意味にもつながってきます。

a. There was not *a soldier* on the streets.
（街には兵士が 1 人もいなかった）

ここでの "a soldier" は、「どの特定されない兵士を 1 人取り出しても」という役割を担っており、文全体としては "not 〜 any" の意味を形成しています。更にそれが、「どの特定されない 1 つを取り出しても当てはまる」という全体を含意する総称用法にもつながることは、容易に理解できるでしょう。「単数形と複数形」の箇所で述べた説明を思い出してください。特に、集合全体に当てはまる習性や習慣を表す場合は、その中の 1 つを見本として任意に取り出し、その特性を述べることによって全体の特性にも言及しようとする「a(n)+ 単数形」も使えるのでしたね。

b. *A dog* is a faithful animal.
　　　（犬は忠実な動物である）

ここでの "A dog" も、「どの犬を1匹取り出しても」という機能を担っており、更にはそれが "is a faithful animal" という述部と結び付き、種類全体が持つ特性を推定させる文になっているのです。

Q 8. 「1つ」を表す a(n) と、総称用法の a(n) はどうやって区別すればいいのですか？

次の英文を見てください。

　　a. I saw *a dog* in front of your house a few minutes ago.
　　　（さっき君の家の前で犬を見かけたよ）
　　b. A *dog* will bark at a stranger.
　　　（犬は見知らぬ人には吠えるものだ）

　a. の "a dog" は「(1匹の) 犬」であり、b. の "A dog" は「犬というものは」という意味の総称用法です。既述のとおり、a(n) は、特定されない（決まらない）1つを新情報として話題に導入するときに用いられます。新しく話題に持ち込まれるものは、聞き手にとっては何を指すのか決められないので、a(n) が使われるのは当然です。この自明の理を表したのが a. の文です。
　一方、b. では、動詞の部分に「習性・傾向」（〜するものだ）を表す助動詞 will が使われており、更には、"bark at a stranger"（見知らぬ人に吠える）という部分が、犬の一般的特性を示す内容になっています。このように、a(n) を用いて種類全体を代表させる場合は、通常、動詞を中心とした述部や前後の文脈が、総称用法を成立させる内容となっています。

> **Q 9.** 文法の参考書を読むと、a(n) には「特別用法」として、「ある、ある種の」「いずれの、どの」「同じ」「各々の」「いくらかの」「総称用法として」「（固有名詞に付けられて）〜という、〜のような」など多種多様な意味のあることを知りました。a(n) にはこんなにたくさんの意味があるのですか？

確かに、不定冠詞 a(n) にはこれらの意味があります。これを「特別用法」と呼び、多種多様と形容するなら、それはそれで否定はしません。ただ、我々は冠詞だけでなく、1つの前置詞、助動詞、動詞などにも無関連に多様な意味が同居していると錯覚しがちですが、言語にはそういうことはありません。どんな意味であれ、1つの中核的イメージから派生しています。つまり、根底ではその語の本質的意味と結び付いています。ご質問の a(n) も例外ではありません。上に挙げられた意味も、すべて a(n) が持つ「特定されない（決まらない）1つ」という意味からの射程内にあります。

a. He is very smart in *a sense*.
（彼はある意味では非常に頭がよい）
→「特定されない1つの意味」から、「ある意味では」となります。

b. There was not *a star* to be seen last night.
（昨夜は星が見えなかった）
→「特定されない星を1つ取り出しても見えなかった」から、「どの星を取り出しても見えなかった（not 〜 any）」となります。

c. They were of *an age*.
（彼らは同じ年齢だ）
→「ある1つの年齢」から、「同じ年齢」となります。

d. She goes swimming in the sea twice *a month*.
（彼女は月に2度海水浴に行っている）
→「特定されない月を1つ取り出しても2度行っている」から、「月に2度行っている」となります。

e. *A lion* is a dangerous animal.
   （ライオンは危険な動物だ）
   → 「特定されないライオンを１頭取り出しても当てはまる」から、全体に対する発言となります。

f. *A Mr. Myojo* came to see you this morning.
   （今朝明城さんという人が会いに来ましたよ）
   → 「特定されない１人の明城さん」から、「明城さんという人」となります。

g. I want you to be an *Ichiro*.
   （お前にはイチローのような人になってもらいたい）
   → 「特定されない１人のイチロー」から、「イチローのような人」となります。

"That's a Toyota."（あれはトヨタの車だ）という英文も可能ですが、これは企業名（固有名詞）が、その企業の製品名として転用された例です。

どうですか？ 一見複雑に思える a(n) の意味も、そのすべてが基本イメージから派生しているのです。

> **Q 10.** ある英語の本で、"He works here as engineer."（彼はここではエンジニアとして働いている）という文を目にしました。どう考えても、この場合の engineer は可算名詞であり、「聞き手にとっては、彼は世の中に複数いる特定されないエンジニアの１人」なので、話し手は "He works here as an engineer." と言わなければならないと思うのですが。

もちろん、"He works here as an engineer." が本来の正しい文です。ところが、"He works here as engineer." という文も使われています。一般に学校では、「役職・官職などを表す名詞が補語として使われる場合には、冠詞は省略される」と習います。

a. They elected Akio *captain* of the team.
   （彼らは明夫をチームのキャプテンに選んだ）

これは明夫の補語にあたる captain (Akio = captain) が、明夫との結び付きにおいて、「個人としてのキャプテン」ではなく、「キャプテンの地位にある」という形容詞的色合いが強くなるためだと言われています。この用法が「職業」にも広がり、

 b. He works here as *engineer*.

という英文も実際は使われています。こうした傾向は今後更に強まり、やがては、

 c. She is *teacher*.

のような英文が普通に使われる時代が到来するかもしれません。
 なお、不定冠詞省略の傾向は、「職業」だけに限られたことではありません。

 d. How much is a single room with *shower*?
  （シャワー付のシングル・ルームはいくらですか？）

といった英文も日常使われています（もちろん、"How much is a single room with a shower?" が本来の正しい文です）。

5. 定冠詞 the について

▶ はじめに ◀ ◀ ◀

　いよいよ冠詞についての最終章を迎えました。もちろんそれに相応しく、日本人が大好きな the を勉強します。「日本人が大好きなって、どういうこと？」という疑問が聞こえてきそうですね。でも、「冠詞＋名詞」のコンビネーションに関して我々の英語を振り返るとき、これは本当だと思いますよ。皆さんは英語で名詞を表現するとき、

① a(n) ＋単数形
② the ＋単数形
③ 無冠詞の単数形
④ 無冠詞の複数形
⑤ the ＋複数形

のうち、どれを最も多用してきた感覚がありますか？ ほとんどの人にとって、1位は②、2位は③だと思います。例えば、どんな文脈でも、

　　a. Can you drive *the car*?

もしくは、

　　b. *Can you drive *car*?

といった英文を作る人が圧倒的に多いようです（もちろん、b. は誤りです）。それに比べると、④、⑤の使用頻度は著しく低いのではなでしょうか。
　「日本人の the 好き」は日本語の中にも登場しています。「ザ・プロ野球」「ザ・報道」を初め、「ザ・医療を斬る」など訳のわからないものまで多士済々です。
　どうしてこんなにも the が使われているのでしょうか？ 何と言っても、冠詞が日本

語にない上に、結局その感覚や使い方もほとんど学習しないまま英語を使い続けていることにその理由が求められます。だったら、なぜ a ではなく the なのでしょうか？ この点については、単なる「音」だけの問題だと考えています。つまり、a よりも the のほうが言いやすく、音としても軽く「ア」と発音するよりも、力を込めて「ザ」と言うほうが何となく重みがあって安心感が得られるので、よくわからないときには、取り敢えず「ザ」を付けているのだと思います。

しかし、the は a(n) と違って、可算名詞・不可算名詞、また単数形・複数形のいずれとも結び付くので、その基本感覚と規則性を理解しなければ、英語での正確なコミュニケーションは不可能です。この章では、今まで我々が the について抱いてきた疑問や思い込み、そしてまったく謎であった部分のいくつかにお答えできればと考えています。

Part I-5. 定冠詞 the について

> **Q 1.** 「the は一度出てきた名詞の前に付ける」と教わりましたが、初めて登場する名詞の前にも the が付いていることがあります。一度出てきた名詞の前だけではないのですか？

中学校で初めて the を習うとき、「一度出てきた名詞が2回目に使われるときは the を付けます。だから the は『その』と訳します」と教え込まれます。そして残念なことに、the に関する学習は、まさに「その」ときが最初で最後となっているのが現状です。自分の高校時代を振り返っても、英語はかなり熱心に勉強したつもりですが、「the は『定冠詞』と呼ばれている。だから特定のものを指すときに使われる」と覚え、でもどうしてなのかは考えもせず、「1. 太陽、地球、月などの天体、2. 山脈、海洋など、3. 新聞名、4. first, second などの序数詞の前、5. 最上級、6. …」と分類的暗記に終わってしまいました。

しかし、これでは実際に英語は使えません。分類的に記憶した英文をそのまま使える状況などほとんどないからです。その結果、先にも述べたように、わからないときには取り敢えず the を付けるという「日本英語」が生まれてしまいます。個人的には、「日本英語」があっても OK だと思いますが、何でもかんでも the を付けているようでは、正しい情報伝達はできません。大切なのは、基本感覚とそこから派生するイメージに裏打ちされた規則性の理解です。

では、定冠詞と呼ばれている the の本質は何でしょうか。どういったときに使われるのでしょうか。確かに、一度出てきた名詞に付けるという点は間違いではありませんが、それは the の1つの用法にすぎません。「その」と訳す点も、状況によっては正しいですが、"the sun" や "the earth" を「その太陽」「その地球」とは、また、"I'll be waiting at the station." を「その駅で待っているよ」とは言わないはずです。

the が使われるのは、

その名詞が何を指しているのかが聞き手にわかると話し手が考えるとき、またはわかることを話し手が聞き手に求めるとき

です。少し難しく表現すれば、「指示対象の決定が聞き手に可能だと話し手が考えるとき、または指示対象の決定を話し手が聞き手に求めるとき」とも言えます。

よく定冠詞という名前から、「the は特定のものを指すときに使われる」と考えている方が多いようですが、それだけの理解だと間違ってしまうことがあります。例えば、「夕食は中華料理屋でしない？」と誘う場合、

 a. Why don't we have dinner at *a* Chinese *restaurant*?

と聞くのが自然な英文ですが、特定の中華料理店を念頭において話し手は誘っているのかもしれません。でも、"the Chinese restaurant" ではなく、"a Chinese restaurant" が自然です。なぜなら、「特定」という言葉は、この場合、話し手が既に自分が知っているものを考えているかどうかではなく、「その名詞が何を指しているのかが聞き手にわかると話し手が考えるとき」という意味で使われているからです。したがって、たとえ話し手が特定の中華料理店に聞き手を連れて行ってあげようと思っていても、聞き手にその店がどこなのかがまだわからないと考えている時点では、"a Chinese restaurant" が正解です。もしどの店を指すのかが文脈上示されていないのに、あるいは当事者間で何らかの了解済みの店がないのに、"the Chinese restaurant" と言えば、聞き手は「どの店のことなの？」と疑問に思うか、その地域には中華料理店は１つしかないと考えてしまいます。

 the を使う基準が以上だとすると、次に求められるのは、「何を指しているのかが聞き手にわかる、またはわかるべきだ」と話し手が考えるのはどのような場面においてかという点です。それを理解して初めて、the が使われる状況が生き生きと伝わってくるからです。

① 既に出てきた名詞を指すとき
 これが中学校で習う the ですね。「その」と訳してもあまり不自然ではありません。

 b. There was a bag on the table.
  —Oh, *the bag* is mine.
  （テーブルの上にバッグがあったよ――あ、そのバッグは私の）
 c. I saw a dog run over by a car yesterday, but *the dog* was quite all right.
  （昨日犬が車に轢かれるのを見たんだ。でもその犬は大丈夫だったよ）

"the bag" が "a bag" を、"the dog" が "a dog" を指すことは明白です。

② 文脈や状況から判断できるとき
「その」と訳すのが不自然な場合が多いと思います。何を指しているのかがコンテクストから明らかだからです。

  d. We took a taxi, but *the driver* didn't know the route here.
   （タクシーに乗ったんだけど、運転手がここまでの道を知らなくてさ）
  e. What are you doing here? Can't you see *the board*?
   （ここで何をしている？ 掲示板が見えないのか？）
  f. Don't forget to turn off *the light* when you leave *the room*.
   （部屋を出るときは、忘れずに電気を切ってください）

これらの文で使われている the は、既出の名詞そのものを指してはいませんが、"the driver" が「乗ってきたタクシーの運転手」、"the board" が「そこに立っている掲示板」、"the light" が「聞き手が今いる部屋の電気」、"the room" が「聞き手が今いる部屋」であることは文脈や状況から明白です。

③ 常識から判断できるとき
「その」と訳していてはおかしいですね。

  g. There is something romantic about *the moon*.
   （月にはどこかロマンチックなところがある）
  h. I've never seen *the Pacific Ocean*.
   （まだ太平洋を見たことがない）
  i. *The Prime Minister of Japan* is to visit Europe next week.
   （日本の首相は来週訪欧予定だ）

"the moon" が「（空に見える）月」を、"the Pacific Ocean" が「（海の）太平洋」を、"The Prime Minister of Japan" が来週訪欧予定だと言えば、「現在の日本の首相」を指すことは常識から明白です。

④ 当事者間で既に了解済みのとき

「その」ではなく、「例の」「あの」と言ったほうが、ニュアンスを正確に反映する場合が多いと思います。

 j. Hey, what are you going to do with *the money*?
  （おい、例の金はどうするつもりだ？）
 k. I suspect there's something going on between *the two*.
  （あの 2 人の間は怪しいわね）

"the money" "the two" と the が使われているのは、話しをしている当事者間では何を指しているのかが明白だからです。

細かい点を挙げれば、他にもいくつか指摘することはできますが、ここでは the の使用原理を示すことによって、「the は一度出てきた名詞を指す」「特定のものを指す」だけでは理解できなかった諸点が明らかになったことと思います。「その名詞が何を指しているのかが聞き手にわかると話し手が考えるとき、または聞き手にわかることを話し手が求めるとき」という言い方は少し冗長なので、「聞き手にとって自動的に 1 つ（または 1 つの集団）に決まる」と定義することも可能ですが、その際にもポイントとなるのは、「聞き手にとって 1 つ（または 1 つの集団）に決まる」という話し手の判断なのです。話し手が特定の名詞を心に描いているかどうかが、a(n) と the を分ける要因ではありません。

Q 2. 「名詞に only, same, 序数、最上級などが付けば the が必要」と習いましたが、"He is an only child." という英文に接したことがあります。only が付いているのに、どうして the ではなく an になっているのですか？

確かに、高校の教科書や参考書には、「名詞が最上級、序数、only などによって限定されると、the が必要」と書かれています。私も大学受験対策として英文法を勉強した際、「そういうもの」として暗記しました。だからその後、最上級、序数、only などの前に、the ではなく a(n) が置かれている英文に接したときは、それまで信じて疑わなかったことが否定されたかのような戸惑いを覚えました。

実は、これらの限定詞が付いていても、文意によっては the を使わない場合もあります。次の2文を参考にしてください。どちらも正しい英文です。

　　a. Yoko is *the only* child, so her parents denies her nothing.
　　　（陽子は一人っ子なので、両親は彼女に何でも与えている）
　　b. Yoko is *an only* child, so she is more or less egocentric.
　　　（陽子は一人っ子なので、多少自己中心的なところがある）

a. で定冠詞 the が使われているのは、後にある「彼女の両親」という部分から、話し手は聞き手に対して、「彼女の両親にとって、子供は陽子だけである」と伝えることができるからです。一方、b. では「陽子は一人っ子」と言っているだけです。少し回りくどい言い方をすれば、「陽子は世間に複数いる『一人っ子』のうちの一人」と言っているのであって、陽子が彼女の両親にとって唯一の子供だと決定することを求めているのではないため、不定冠詞 an が使われているのです。

　もちろん、このことは序数や最上級にも当てはまります。

　　c. Tomoharu is *the third child*. He has two sisters.
　　　（智治は3番目の子供だ。姉が2人いる）
　　d. We don't want to have *a third* child.
　　　（3人目の子供は欲しくない）

c. で the が使われているのは、智治の家族の中で、彼が「3番目」に生まれた子供であることを話し手は伝えようとしている、つまり、話し手の中では出来事の順序が既に明らかになっており、その決定された順序を聞き手に伝えているからです。他方、d. では序数の前でも不定冠詞 a が使われていますが、これは話し手の中で既に確定している順序を伝えるのを目的としたものではなく、単に「3人目の子供」と言っているにすぎないからです。むしろ、"another child"（子供をもう一人）と言い換えてもいいくらいです。

　では、次の文はどうでしょうか。中学校では「形容詞の最上級には必ず the を付ける」と教わるので、

e. Kaoru was a *most* attractive woman.
   　（かおるは本当に魅力的な女性だった）

という英文に接すると、「え、なんで？」という疑問を抱いてしまいます。このとき、「most に a が付くと very の意味になる」と説明を受けますが、自分も含めてよく理屈のわからなかった人も多かったのではないでしょうか。次の 2 文で確認してみましょう。

   f. It was *the most* beautiful sunset I've ever seen.
   　（それは今まで見た中で最も美しい夕日だった）
   g. It was *a most* beautiful sunset.
   　（それは本当に美しい夕日だった）

f. で the が使われているのは、話し手の中では既に順序が確定しており、そのうちで「最も～」「一番～」と言えば、聞き手は 1 つに対象を絞ることができるからです。それに対して g. では、話し手は聞き手に対して確定した順序の伝達を意図しておらず、「本当に美しい夕日（の 1 つ）だった」と言っているだけです。したがって、指示対象の決定を求める定冠詞 the は使えません。
　最後に、次の文はどうでしょうか。

   h. I have reached *the same* conclusion as he did.
   　（私は彼と同じ結論に達した）

ここで the が使われている原理もおわかりですね。「same の前には必ず the を付ける」と暗記した方も多いと思いますが、正しく説明すれば、「まったく同じ」を表す same があるため、聞き手にはその名詞が何を指しているのかがわかっているはずだ、もしくはわかるべきだという判断が話し手にあるからです。

Q 3. 関係詞節や to 不定詞によって名詞が修飾されると、必ず the を付けなければならないのですか？

　a(n) の箇所でも説明した内容と重複しますが、ここでは the の観点からお答えしたいので、取り上げさせていただきました。

　確かに、私も、「名詞が関係詞節や to 不定詞の修飾を受けるときは、the が必要」と習った記憶があります。しかし、実際は、「the が必要なときもあれば、the を付けてはいけないときもある」と言うべきです。ここでもう一度 the が使われる原理を思い出してください。それは、

その名詞が何を指しているのかが聞き手にわかると話し手が考えるとき、またはわかることを話し手が聞き手に求めるとき

でしたね。たとえ関係詞節の修飾を受けても、この原理が妥当しない限り、やはり the は使えません。例えば、

　a. This is *the town* where I was born.
　　（これは私が生まれた町です）

という英文で the が使われているのは、後に関係詞節があるからではなく、頭が神戸で生まれ、手足が横浜で生まれた人間などあり得ないので、「私が生まれた町」と言えば、聞き手には指示対象を絞ることができるという判断が話し手側にあるからです。しかし、次のような英文では the と a(n) の使い分けをしなければならないと言ったことを覚えているでしょうか？

　b. That is *the girl* who spoke to me yesterday.
　　（あれが昨日私に話しかけてきた女の子だ）
　c. That is *a girl* who spoke to me yesterday.
　　（あれは昨日私に話しかけてきた女の子だ）

実際のコミュニケーションでは、相手の文に対応する形で、互いが文を発していくのであり、"That is the girl 〜 ." と the が使われているのは、聞き手には指示対象を決定できると話し手が判断しているからでしたね。つまり、その女の子のことが既に話題になっていて、例えば、「昨日この中に俺に話しかけてきた女の子がいるんだ」「へぇー、誰なの？」といった文脈が先行しているのが通常です。だから、「あの子がそうだよ」と言えば、何を指し示しているのかが聞き手にわかるため、話し手は the を使っているのです。この場合 "who spoke to me yesterday" の部分がなくても、十分コミュニケーションは成り立ちます。

　一方、"That is a girl 〜 ." と a が使われているのは、聞き手にはまだどういった女の子を指しているのかがわからないと話し手が考えている文脈で使われているからでしたね。例えば、「あれは昨日俺に話しかけてきた女の子だ」と、"a girl" を新情報として導入する場合です。このときは、"who spoke to me yesterday" の部分は省略できません。"That is a girl."（あれは女の子だ）で終わってしまうと、相手は不可解な気持ちで、「それで？」と聞き返すしかないからです。

　このことは名詞が to 不定詞の修飾を受けるときにも妥当します。

　d. He has *the ability* to do it.
　　（彼にはそれができる能力がある）
　e. He has a great *ability* to read others' mind.
　　（彼には人の心を読めるという素晴らしい能力がある）

d. では、"to do it" の部分からわかるように、既に何かの能力のことが話題になっており、そのコンテクストを受け、「彼にはそうした能力があるのだ」と言っているのです。したがって、何を指しているのかが聞き手にわかると話し手が判断できる局面なので、定冠詞 the が使われています。

　他方 e. では、「彼には人の心を読める素晴らしい能力がある」と、彼が持っている（1つの）能力を記述的に説明していると考えられます。この場合は、聞き手に指示対象の決定を求める必要がないため、不定冠詞 a(n) が用いられているのです。

> **Q 4.** 「名詞が後から前置詞句の修飾を受けると the が付く」と教わりましたが、「a ＋名詞 of ～」という形をよく見かけます。the ではないのですか？また、「"There is / are ～" の文では the を使うことはできない」とも習いましたが、"There is the ～" という英文に接したこともあります。the を a に変えるべきではないですか？

　関係詞節や to 不定詞による修飾と並んで、「名詞が後から前置詞句の修飾を受けると、その名詞に the を付けなければならない」と思い込んでいる方が多いようですが、次の英文を思い出してください。これも不定冠詞の箇所での説明と重なりますが、the の観点からもう一度検証してみましょう。

　　a. What does he do? —Oh, he is *the president* of XY company.
　　　（彼はどんな仕事をしているの？―ああ、XY 社の社長だよ）
　　b. What did he do? —Oh, he was *a president* of XY company.
　　　（彼はどんな仕事をしていたの？―ああ、XY 社の社長をしていたよ）

b. の英文で不定冠詞 a が用いられているのは、"He was" の部分にポイントがあるのでしたね。the が使われる文脈は、「聞き手にとって指示対象がわかると話し手が判断するとき」であり、「彼は現在、XY 社の社長をしている」と言っている a. は、話し手側のそうした判断を表しているのです。なぜなら、「現在」という時代と、「XY 社」という空間の双方を満たす社長は、通常、1 人だけであり、聞き手も常識からそう判断できるからです。

　一方、b. の文ではどうでしょうか。「彼は XY 社の社長をしていた」と言っています。このとき、たとえ「XY 社」という同じ空間であっても、異なった時間幅に区分できる「過去」という時代には、社長は彼だけではなかったはずです。したがって、聞き手に指示対象の決定を求めることができないため、不定冠詞 a が使われています。言い換えれば、この文は、過去に複数存在した「元社長」の 1 人、

　　c. He was *a* <u>former</u> president of XY company.
　　　（彼は XY 社の元社長だった）

の意味を表しているのでしたね。

　次に、"There is / are 〜" の文を検討してみましょう。次の2文を見てください。

　　d. There is *the book* on the desk.
　　　（机の上に本があるよ）
　　e. There is *a book* on the desk.
　　　（机の上に本があるよ）

どちらも正しい英文ですが、両者が発せられる状況は当然違います。確かに学校では、存在を表す "There is / are 〜" 構文には the を使えないと習いますが、必ずしもそうではありません。これも相手がどういった文を発したかがポイントなります。例えば、相手がレポートを書くためにはどんな本を参考にしていいのかわからずに、「どうしよう？ 何を参考に書けばいいんだ？」と聞いたとします。このとき話し手側に、「ほら、お前も知っているあの本だよ。今机の上に乗っているだろ」という思いがあれば、d. の英文が適格です。なぜなら、聞き手は既にその本の存在を知っているかもしれないという判断が話し手側にあり、それに言及する意図で発せられているからです。

　それに対して、e. の英文は聞き手に新情報を伝えるための「存在構文」です。例えば、聞き手が、「今机の上には何もないだろ？ 何かあるのか？」と尋ねた場面を想定してください。このとき本が（1冊）あれば、"There is a book (on the desk)." と答えるのが自然です。聞き手が既にその本の存在を知っているかもしれないという判断は話し手になく、単に新しい情報を伝えているだけだからです。

　このように、後に前置詞句があるからといって、また、"There is / are 〜" だからといって、a(n) と the の選択が自動的に決まるのではなく、「時」「場所」「相手が発した文内容」などの文脈から判断しなければなりません。

Q 5. the にも総称用法があると聞きましたが、「a(n) ＋単数形」や「無冠詞の複数形」を用いた総称用法とどう違うのですか？

　「a(n) ＋単数形」「無冠詞の複数形」と並んで、「the ＋単数形」にも総称用法があります（「the ＋複数形」に関しては、後ほど説明します）。

　さて、総称用法にも類型があり、その集合全体に当てはまる習性や特性を表す場合と、個々の構成員すべてに当てはまる状況を表す場合のあることは、「単数形と複数形」のところで述べましたね。そして、一般的には、「無冠詞の複数形」のほうが多く用いられ、特に後者の場合（個々の構成員すべてに当てはまる状況を表す場合）には、「a(n) ＋単数形」は不適格になる場合もあると指摘しました。一方、「the ＋単数形」はいずれの類型でも使用可能です。但し、表現形式が異なる以上、「認知→言語化」というプロセスにおいて違いがあります。

　a. *A cat* likes to be stroked.
　b. *Cats* like to be stroked.
　c. *The cat* likes to be stroked.

　どの文も「猫は撫でられるのが好きだ」という総称用法ですが、その中の１つを見本として任意に取り出し、その特性を述べることによって全体の特性にも言及しようとする「a(n) ＋単数形」や、複数の見本を任意に取り出し、その特性を述べることによって全体の特性にも言及しようとする「無冠詞の複数形」に対して、「the ＋単数形」はその種類における典型例を想定し、そこから全体に当てはまる特性を述べようとする総称用法です。したがって、表現形式としては抽象度が高い分だけ硬いニュアンスがあります。

　この the を用いた総称用法も、究極は the が持つ「指示対象の決定を求める力」から派生しています。決まらない a(n) に対して、決めることを求める the は、聞き手の注意をその種類が持つ確固たるイメージに向けさせようとする力、すなわち、他の種類とは区別されるべき特性に聞き手の注意を向けようとする指示力を生み出すことができるからです。

　ただ、既に触れたように、文内容によっては注意が必要です。例えば、「彼は

女好きだ」と言いたいときは、

 d. He loves *girls*.

と「無冠詞の複数形」が最も容認度が高いとされています。"He loves a girl." であれば、「ある1人の女の子」を聞き手に連想させてしまい、また "He loves the girl." だと、「例の女の子」と取られてしまう可能性があるからでしょう。

> **Q 6.** "The pen is mightier than the sword."（ペンは剣よりも強し）という格言がありますが、この文で使われている the はどう解釈すればいいのでしょうか？慣用表現なのでこのまま覚えるしかないにしても、なぜ "A pen is mightier than a sword." もしくは "Pens are mightier than swords." ではないのでしょうか？

まず、"The pen is mightier than the sword." で用いられている the は、名詞を抽象化する働き、つまり、誰しもが抱くような抽象概念を名詞に付与する働きをしています。もちろん、この機能も、「聞き手に指示対象の決定を求める」という the の指示力から生まれています。「ほら、ペン (pen) と言えば、まさにそれが持っている力、すなわち『言論』ですよ」「ほら、剣 (sword) と言えば、まさにそれが持っている力、すなわち『武力』ですよ」と、聞き手に対して "pen" と "sword" が持つ象徴的イメージへの注意喚起を求めているのです。少し難しい言葉を使えば、まさに定冠詞 the の指示同定機能が抽象レベルにまで生かされている局面です。

この "the pen" "the sword" が、なぜ "a pen / pens" "a sword / swords" ではないのかというご質問ですが、やはり両者の間には埋めることのできないイメージの差異があるからです。ここで a(n) と複数形が持つ中核機能を思い出してください。それは、「1つか2つ以上か」という単複識別機能と共に、その名詞が具体性を持つものとして存在しているのか、それとも具体性のない抽象的・量的なものとして存在しているのかを標示する機能でしたね。思うに、そうした機能を前提とした場合、"a pen / pens" "a sword / swords" だと、個別具体的な「ペンと

剣」がイメージされてしまうからではないでしょうか。言い換えれば、その種類における典型例を想定することによって、種類全体に当てはまる特性を述べようとする the のほうが、「具体的な個体」を想起させることなく、抽象度の高い概念を表すのには適しているからではないでしょうか。それはまた同時に、他の種類との対比（この文では、「ペン」と「剣」との対比）をより強く浮かび上がらせる役割も果たしていると言えます。

　もちろん、"the pen" "the sword" が、

　　a. Where is *the pen*?
　　　（あのペンどこだ？）
　　b. Give me *the sword*, please.
　　　（その剣をください）

のように個別具体的な「ペン」や「剣」を指すこともあります。でもそれは、文自体の意味やコンテクスト（文脈）から判断できることです。

Q 7. "Nakayamas" が「中山たち」という意味になるのに対して、どうして "The Nakayamas" は「中山夫妻」とか「中山家」になるのですか？

　英語では、人名の複数形は、同一の名前の人が複数存在することを意味しています。つまり、

　　a. *Nakayamas* came to see you this morning.
　　　（今朝中山たちが会いに来たよ）

と「中山＋複数形語尾」を用いると、「中山」という名前の人が複数会いに来たことになります。それに対して、日本語で「中山たちが今朝会いに来たよ」と言えば、「中山」の他に「小栗」「榊原」「野島」がいてもいいのです。むしろ、それが自然であって、会いに来た人の名前がすべて「中山」だったという状況は稀

です。こうした違いが生まれる原因は、言語慣習の違いにあります。社会で生起する現象を表現する際に、どこで切り分けて言語化するかは、その言語社会によって異なるからです。

　では、どうして "the Nakayamas" は、「中山夫妻」や「中山家」になるのでしょうか。これも定冠詞 the が持つ「指示機能」に理由を求めることができます。すなわち、「the ＋複数名詞」は、ある集合に属する構成員を1つにまとめて全体的・包括的に指示する働きがあるのです。例えば、「柔道部の部員は全員このテストに落ちた」と言いたければ、

　　b. *The members* of the Judo club failed in this exam.

のように、"the members of the Judo club" で "all the members of the Judo club" の意味を表すことができます。　但し、「the ＋複数名詞」が集合の構成員を包括的に表すときは、the が持つ指示力ゆえに、「まとめて指すイメージ」が強くなり、「まったく例外なく」「どれを取っても」といった感覚が強く生み出されます。

　　c. *Japanese* people eat raw fish.
　　d. *The Japanese* eat raw fish.

どちらも「日本人は刺身を食べる」という総称的な意味を表していますが、d. の "the Japanese" のほうが、「日本人はみんな」「日本人は例外なく」といったイメージがより強くなります。学校で「the ＋形容詞」はその集合全体を表すと教わりますが、形容詞に the が付いたからではなく、the のこうした用法の一例だからです。

　　e. *Young people* are not patient enough these days.
　　f. *The young* are not patient enough these days.

2文とも「近頃の若者には忍耐力がない」と言っているですが、非難や呆れの気持ちを強く込めて、「本当に近頃の若者はみんな忍耐力のない奴らばかりだ」

と言いたければ、f. のほうが適格なのはもうおわかりですね。だから、"The Japanese" "The Chinese" "The Americans" などと始めれば、文意やイントネーションによっては非常に排他的・人種差別的に響く場合があるので注意してください。

なお、「the ＋複数形」も常に総称用法として使われるわけではないので、絶えず前後関係や常識に照らして判断する必要があります。

　g. The Americans didn't visit Kyoto this time.
　　（例のアメリカ人たちは、今回は京都を訪れなかった）

では、当然 "The Americans" は「アメリカ国民全体」を表しているのではなく、具体的なアメリカ人の集団を指しています。

Q 8.　「楽器には定冠詞の the が付く」と教わりましたが、どんな場面でも the が付くのでしょうか？それに、"Her hobby is playing the piano." （彼女の趣味はピアノを弾くことだ）における the が、何か特定のピアノを指しているようには思えないのですが。

中学校や高校で、「楽器の前には the を付けなければならない」と教わるので、多くの人は the を義務的のように考えています（私も長い間そうでした）。でも、これは絶対的な規則ではなく、"a piano" "pianos" "the pianos" となることもあります。まずは、以下の文を見てください。

　a. My sister and I play *the piano*. She has *two pianos*, but I don't have a *piano* of my own. So I wish I could get a new *piano* for a Christmas present.
　　（姉と私はピアノを弾く。姉はピアノを2台持っているが、私には自分のピアノがない。だから、クリスマス・プレゼントに、新しいピアノを貰えたらいいなあと思っている）

少し冗長な英文ですが、これらの文には文法的な誤りはありません。しかも、悩ましことに、最初の "piano" に the が付き、「一度出てきた名詞には the を付ける」と教わった規則に反して、3回目と4回目の "piano" には不定冠詞の a が付いています。どうしてこういったことが起きるのでしょうか。それを理解するためには、まず "play the piano" における the の働きを知らなければなりません。

文意からもおわかりのように、"Her hobby is playing the piano." における "the piano" は、聞き手にもわかる特定のピアノ、要するに、「そのピアノ」と言っているのではありません。もちろんこの the にも指示力が含まれていますが、それは個別具体的なものへの指示ではなく、楽器という集合における「ピアノ」という特定領域への指示を求める the だと解されています。つまり、「ギターでもトランペットでもドラムでもなく、ピアノである」といった、他の種類の楽器との対比を強く意識した定冠詞 the なのです。したがって、そういった意識が働かない場合には、楽器だからという理由で問答無用に the が付くわけではありません。その証拠に 2 文目以降は、意味的な理由から、"pianos" "a piano" となっています。これは、「他の種類の楽器ではなくピアノ」という感覚ではなく、「ピアノを 2 台持っている」「自分のピアノを持っていない」「新しいピアノが欲しい」と記述しているだけだからです。

なお、動詞 "play" の目的語になっている場合は楽器に the が付くと考えている人もいるようですが、例えば、

 b. Do you have any idea what Lucy's doing now? —I'm sure she's playing a *piano*.
 （ルーシーが今何をしているのか知ってる？―きっとピアノを弾いてるよ）

のように、「特定領域」への指示感覚がなければ、"play" の目的語になっていても、the が付くとは限りません。また、

 c. I'm told she's bought a new *piano*. I'm sure she's playing *the piano* now.
 （彼女新しいピアノを買ったらしいね。きっと今そのピアノを弾いてるよ）

の文における "the piano" は、何を指しているのか聞き手にもわかると話し手が

判断している具体的なピアノ、つまり「そのピアノ」です（何度も述べたように、話し手が自分の知っている「特定のもの」を念頭に置いているかどうかが、the を用いる基準ではありません）。

> **Q 9.** 季節を用いた表現には、「無冠詞の単数形」「the ＋単数形」「無冠詞の複数形」「the ＋複数形」のさまざまなバリエーションを目にします。それぞれニュアンスと言うか、感覚が違うのですか？

　もちろん、どのパターンも可能ですが、今まで述べてきたような感覚の違いが存在しています。ここでおさらいをしておきましょう。まず、

　a. *Spring* has come.
　　（春が来た）
　b. I like *spring* very much.
　　（春が大好きだ）

と不可算名詞の形で言語化された "spring" は、具体性のある季節としての「春」ではなく、例えば、寒い冬が終わり、麗（うら）らかな日差しが降り注ぐ春の暖かさ、大地に花が咲き誇る春の美しさがイメージされています。それに対して、

　c. We've never had a *spring* like this.
　　（こんな春は初めてだ）

では、"spring" は可算名詞として用いられていますが、これは今年経験した具体的な「春」を意味しているからです。
　では、次の英文はどうでしょうか。

　d. *The spring* we had last year was unusually cold.
　　（去年の春は異常なほど寒かった）

文意からは、"spring" が可算名詞として用いられています。つまり、他の季節との時間的区切りを持つ「春」が、言い換えれば、四季の1つとしての「春」がイメージされています。但し、聞き手にとってどの「春」を指しているのかがわかると話し手は判断しているので（"we had last year" と言えば、どの春かは自動的に聞き手にもわかります）、定冠詞 the が使われています。それでは、

 e. I like *the spring* best.
  （春が一番好きだ）

の場合はどうでしょうか。ここでも "spring" の前に定冠詞 the が置かれていますが、これは Q8. で説明した理由によるものです。つまり、他の年の「春」と対比させているのではなく、四季の存在を前提として、「夏、秋、冬という他の季節よりも、春という季節が好きだ」と特定領域への指示を表す the です（他の種類の楽器ではなく、「ピアノ」という特定領域への指示を表す the と同じです）。
 最後に、複数形が使われている形を検討しましょう。

 f. We've had *several springs* of little rain.
  （ここ何年間か春にはほとんど雨が降っていない）

ここでは四季の1つとしての「春」がイメージされているため、可算名詞として言語化されており、その上で、「そうした春をいくつか」と表現したいため、"several springs" と複数形になっています。では、"the springs" が使われている次の英文はどうでしょうか。

 g. We've had the springs here that are too beautiful for words.
  （ここでは言葉にできないほど美しい春を経験して参りました）

「the ＋複数形」で説明した内容を思い出してください。定冠詞 the には、複数の名詞を1つの集合にまとめて、それを聞き手に対して包括的に指示する働きがあるのでしたね。つまり、この "the springs" は、今まで経験してきた「複数の春」をひとまとめにして表現しているのです。

Part I-5. 定冠詞 the について

Q 10. the が「その」という意味なら、指示形容詞の that とどう違うのですか？
the と that を入れ替えることができない場合もあるのですか？

　いよいよ最後の質問項目となってしまいました。ここでは the と that の違いについて検討しましょう。中学校では、「this は『この』、that は『その、あの』という意味です」と習った直後に、「the は『その』という意味です」と教えられますが、the と that はどう違うのかについてはほとんど説明がなされません（と言うか、教える側もそうした問題意識を抱いていません）。その結果、実際に英語を使う状況に立たされると、the と that のどちらを使ったらいいのかよくわからないことがあるのではないでしょうか（取り敢えず the を使う人が圧倒的に多いと思いますが）。

　両者の綴りや音から容易に想像できるように、実は、定冠詞 the は that から生まれました。時代を遡ると、英語にも冠詞は存在しなかったのです。その後、冠詞の文法的機能が発展していく過程で、the と that とは次のような独自領域を確立していきます。それは、

① the は that が持つ位置関係を示す機能を弱めてしまい、
② その結果、例えば、目に見えるカバンを指差しながら、「そのカバン取って」と言うときには that を用いる、
③ 逆に、指示対象が視界にないときは、位置関係を示すことができないため、that は使えない、

という違いです。例文で確認しましょう。まず、目に見える位置にある本を指示対象として、「その本誰が買ったの？」と尋ねるときは、

a. Who bought *the book*?
b. Who bought *that book*?

の両者とも可能です。但し、a. で定冠詞 the が使われているのは、どの本のこと

を話題にしているのかが聞き手にわかると話し手が判断しているからであって、決して本を指差して尋ねる感覚からではありません。それに対して、b. では指示形容詞 that が用いられていますが、これはまさに位置関係を強く意識しながら対象を指差す感覚で尋ねています（実際に指で指す必要はありませんが）。

　一方、その場には存在しない、つまり、視界にはない本を指示対象として、「その本誰が買ったの？」と聞くときは、

　　c. Who bought *the book*?

しか適格とされていません。つまり、the には this / that が持つ遠近感覚がない反面、視界に対象物がある場合でも、またない場合でも使えるのに対し、遠近の位置関係を強く意識した指示形容詞 this / that は、対象物が視界にないときには、通常、使えないのです。

Part II　基本動詞の世界

◀ はじめに ◀ ◀ ◀

　基本動詞とは、中学校で覚える単語の中にほとんど含まれています。特に話し言葉では、それらの用法に精通しなければ、コミュニケーションは不可能になってしまうと言っても過言でないほど、使用頻度はずば抜けて高いのが現実です。基本動詞の使用頻度が高い理由は、それらの語が持つ基本イメージが拡大しやすいからです。どの言語でもそうですが、基本語になればなるほど、その中核的意味から外延が広がっていく傾向にあります。つまり、基本語ほど「文脈依存性」が高くなります。例えば、日本語の「いやらしい」という基本語を取り上げてみましょう。この語は、もちろん、性的な意味で使われることもありますが、それだけではありません。「アイツは金にいやらしい」と言えば、「金に汚い、ケチだ」という意味になり、「体は小さいが、なかなかいやらしい柔道をする」と言えば、「粘り強い柔道、負けにくい柔道」という、むしろ相手を評価する意味にもなります。一方、「猥褻」という難度の高い語では、これは性的な意味に限定されてしまいます。「猥褻な柔道をする」では、そんな奴とは絶対に対戦したくないと思うでしょう。

代表的な基本動詞とそれらの中核的イメージに関する本は、現在何冊も出されており、内容的にもとても優れていると思います。したがって、ここでは基本動詞を用いながらも、その中で我々日本人にとって盲点となっている諸点だけを簡単に紹介していくつもりです。

1 be

　be の本来的意味は「存在する」です。その後、主語と補語とのイコール関係や、主語の属性を表す「〜である」という意味が生まれ、現在ではこの意味での用法が be 動詞の主流となっています。学校では「be 動詞」という名前で紹介され、状態を表す動詞（状態動詞）として教えられています。状態動詞には、be, belong, remain（存在）、have, contain, own（所有）、know, understand（理解）、differ, resemble（相違、類似）、like, love, believe（心理）、appear, look, seem, smell（五感で感じられる主語の性質）などがその代表として挙げられます。しかし、be 動詞は常に静的状態を表すとは限らない点に注意してください。通例、助動詞 will と副詞（句）を伴って使われると、「行く、戻る」などの移動を表すからです。

　　a. I'll *be* there in a few hours.
　　　（あと 2, 3 時間でそこに行きます）
　　b. I'll *be* back here in a moment.
　　　（すぐに戻って来ます）

文字どおり解釈すれば、「あと 2, 3 時間でそこに存在する」「すぐにここに存在する」ですが、そこから「行く」「戻る」という動きを表すことになります。また、

　　c. Her father *was* rich.
　　　（彼女の父は金持ちだった）

では、確かに was は状態を表していますが、

　　d. *Be* on your guard against pickpockets.
　　　（スリに用心しなさい）
　　e. He *was* kind to me at the party.
　　　（彼はパーティーで私に優しくしてくれた）

といった文では、be は状態よりも動作性を表しています。更に、

 f. I *was* married five years ago.

では、「5 年前私は結婚していた」という状態と、「5 年前に私は結婚した」という動作の両方を表すことができるので、文脈で判断してください。

2 have

 have も be と同じく状態動詞です。状態動詞の代表例は be の箇所で紹介しましたが、その特徴としては、(1) それ自体継続状態を表すので進行形にできない、(2) 自分の意志ではどうすることもできないので、命令形にはできないとされています。

 a. *He *is believing* you.
  （彼は君を信じているよ）
 b. **Know* the fact.
  （この事実を知っていなさい）

 しかし、状態動詞であっても、(1) 変化の過程を強調するとき、(2) 一時的な状況や心理を強調するときには進行形にできます。例えば、

 c. They *are understanding* what I said.
  （彼らは私の言ったことがだんだんわかってきている）
 d. I'*m loving* every moment of this party.
  （今までのところこのパーティーを楽しんでいますよ）

といったようにです。また、既に紹介したように、次の文では be 動詞は状態ではなく動作性が強いため、命令形も可能です。

e. *Be* careful when you cross the street.
　　（通りを渡るときは注意しなさい）

　have も基本的には状態動詞であり、その中核的意味は「持っている」です。もちろん、「持っている」とは現実の握持（実際に手に持っている）に限られたことではなく、何かを自分の所有領域や経験領域に持っているということです。ここでは我々日本人が苦手とする have の用法に焦点を当ててみましょう。
　まず be と同様、have も動作性を表すことがあります。例えば、

　f. You *have* a hearty appetite, don't you?
　　（凄い食欲だね）

といった文では無意志の静的状態を表していますが、この「持っている」からイメージが拡大し、「手に入れる、取り入れる、行う、経験する」といった意志のある場合にも have は使われます。このとき have は動作性を帯び、進行形も命令形も可能です。

　g. They're *having* a farewell party for him now.
　　（今頃彼のお別れ会を開いているよ）
　h. *Have* this pie I made for you yesterday.
　　（昨日あなたのために作ったこのパイを食べてください）
　i. We *had been having* a pleasant time until the boss came.
　　（上司が来るまでは楽しんでいました）

　また、have の対象となる目的語は物に限定されず、人・出来事・状況などすべてに及びます。

　j. I'*ve had* her since we got married.
　　（結婚してからずっと彼女を騙していた）

この表現からは、「自分の所有領域に彼女を持ってきた」→「彼女を取り込んで

きた、騙してきた」という連続性が読み取れると思います。

また、have はいわゆる第 5 文型 (SVOC) でもよく使われ、これも我々日本人がなかなか使いこなせない用法です。学校では「have ＋目的語＋動詞の原形」とか、「have ＋目的語＋過去分詞」といったように、機械的な暗記を強いられてしまうため、have が持つ中核的イメージからの拡大といった視点が忘れ去られている点に原因があるのでしょう。つまり、O と C の間に状況が成立しており、主語 (S) がそうした状況を持っているというこの表現は、have の中核的意味を把握してこそ理解できるからです。言うまでもなく、C の位置に動詞の原形、現在分詞、過去分詞のいずれが置かれるかは、機械的な暗記で解決できる問題ではなく、O と C との間に成立している状況から導き出される結論です（これは have に限られたことではなく、SVOC という第 5 文型すべてに当てはまります）。そしてこの表現も、主語に意志がある場合とない場合の両面で使用できます。例文で確認しましょう。

 k. I *had* him drive me home last night.
  （昨夜は彼に家まで車で送らせた / 送ってもらった）

これは「彼が家まで車で送ってくれる状況を持った」ということです。have の「持っている」という基本イメージから、主語が立場的に状況を作り出せる構造を持っているというニュアンスが感じられます。つまり、主語のほうが目的語よりも立場的に上だという意味合いが含まれています。また、

 l. We *had* some books lifted last week.
  （先週本が万引きに遭った）

といった文では、have は experience の意味として使われています。では、次の表現はわかりますか？

 m. I *had* it coming today.
  （今日は仕返しされたな）

n. We're happy to *have* you staying with us tonight.
（今夜泊まっていただいて嬉しいです）

o. I won't *have* you speaking that way about Chiharu.
（君が千春のことをそんなふうに言うのは許せない）

すべて "it is coming" "you are staying" "you are speaking" といった状況を have すると言っているだけです。

3 get

get は入手を表す基本動詞ですが、他の基本動詞と比べても、断トツに守備範囲の広い基本動詞の王様です。もちろん、その中核的イメージは「手に入れる」です。そしてこの「手に入れる」というイメージは、主語の意志の有無や目的語の内容を問わず広がっていきます。つまり、主語に意志がある場合は、

a. He finally *got* a win!
（アイツ遂に勝ったよ！）

b. *Get* me some rice balls, please.
（おにぎり買って来て）

c. You should try to *get* the point.
（要点を理解するようにしなさい）

のように「獲得する、買う、理解する」などの意味になり、また、意志のない場合には、

d. I'*ve got* a lot of mails from her this week.
（今週は彼女からメールを多く受け取った）

e. His novel really got me.
（彼の小説には本当に感銘した）

f. Did you *get* it?
（頭に入った？）

のように「手に入る、受け取る、捕らえる、頭に入る」などの意味でも使われます。更に、

    g. He'll *get* me a car.
       （彼が車を買ってくれるの）
    h. I couldn't *get* him on the phone.
       （電話では彼に連絡がつかなかった）
    i. I'll have to *get* this dress altered.
       （この服の寸法を直してもらわなきゃ）

などの例文からもわかるように、目的語となる対象も「物、人、状況」など無限の広がりを持っています。ただ、ここで注意しておくべき点が2つあります。まず、get は対象をほとんど制限することなく「手に入れる」という意味の基本語なので、何の脈絡もなく使えば、あまりにも曖昧模糊として意味が伝わりにくいという点です。言い換えれば、基本語中の基本語であるだけに、最も文脈依存性が高いという点です。突然、"I got it yesterday." と言っても、いったい何のことかよくわかりません。例えば、会議で誰かが意見や提案を述べた直後だという文脈があって初めて、

    j. I don't get it.
       （わかんないなあ）
       What exactly don't you *get*?
       （はっきり言って、何がわからないんだ？）

という会話が成り立つのです。また、主語の意志の有無も文脈がなければ判断できないこともあります。例えば、

    k. He got a lot of money last year.
       （昨年彼は大金を手に入れた）

という文では、彼が意図的に大金を手に入れたのか、偶然手に入れたのかは文脈があって初めてわかることです。

　2点目は、get はその万能的な意味や簡潔な響きから、日常会話では最も多用される動詞の1つであり、親密感やくだけた雰囲気を醸し出してくれますが、その反面、改まった場やスピーチでは、あるいは目上の人との会話では、その使用頻度によっては品性を疑われたり、礼を失したりするおそれがあるという点です。日本語でも形式が問われる状況で、「やった」「やっちゃった」を連発すれば、知的レベルや品性を疑われますよね。"get" も「やった」も、

　　l. We haven't been *getting* these days.
　　　（最近やってないんだ）

というように、場合によっては性的意味さえ持つのですから。

　get も SVOC という第5文型でよく使用されます。もちろん have と同様、この場合も O と C の間に状況が成立していて、そうした状況を主語は get すると言っているのです。したがって、C に置かれる形は O との関係で決まります。例えば、

　　m. I'll *get* him to pick you up at the airport.
　　　（彼に空港で迎えさせます）
　　n. He *got* his wig blown off by the wind.
　　　（彼は風でカツラを吹き飛ばされた）
　　o. You have to *get* this work done by the end of this week.
　　　（今週末までにこの仕事を終えなければならないよ）
　　p. *Get* this machine running as soon as possible.
　　　（できる限り速やかにこの機械を動かしなさい）

といったようにです。ただ、「人に〜させる／してもらう」という場合、have が C の位置に原形不定詞（動詞の原形）を取るのに対して、get の場合は to 不定詞が置かれます。これは have と違って、get には常に「手に入れる」という動きが含まれているからだと思います。つまり、目的語である人を to 〜まで動かすと

いう動的ニュアンスが含まれているからなのでしょう。

最後に、次のような文を使いこなせたら、相当 get の達人だと思います。本当によく使われる get の用法です。

 q. Hey, *get* your car down here.
  （おい、車をここに回せ）
 r. *Get* yourself across the river.
  （川を渡れ）
 s. Would you please *get* all these boxes into the car?
  （この箱を全部車に積んでいただけますか？）

学校ではこれらの文はすべて第 3 文型 (SVO) に分類されますが、意味的には SVOC と考えるほうが理解しやすいと思います。「your car を down here の状態に」「あなた自身を across the river の状態に」「all these boxes を into the car の状態に」get すると言っているからです。

4 make

make は創造を表す最も基本的な動詞です。もちろん、その中核的イメージは「作り出す」です。より正確に言えば、「手を加えたり、努力したりして人・物・状態などを作り出す」というのが基本イメージです。

 a. They *make* cheese into ice cream here.
  （ここではチーズからアイスクリームを作っている）

つまり、チーズに手を加えてアイスクリームを作り出しているという意味です。学校では上記の英文の書き換えとして、

 b. They *make* ice cream from cheese here.
  （ここではチーズからアイスクリームを作っている）

という形を教わりますが、a. では原料の cheese に焦点があるのに対して、b. では作り出される ice cream に焦点があるという違いがあります。

こうした make の中核的イメージから、人が主語の場合は常に意志が含まれています。

 c. My boss made me go there alone.
  （上司は私を1人でそこへ行かせた）

おわかりのように、これは SVOC の文型ですが、「上司は、私がそこへ1人で行く状況を作り出した」から、「私に行かせた」となります。もちろん、作り出すには有無を言わせぬ力が必要なので、make が「〜させる」の意味で使われるときは強制の意味合いが濃くなります。

 また、主語が無生物の場合にも使われます。

 d. The heavy snow last night made me give it up.
  （昨夜の大雪のため、諦めざるを得なかった）

これも SVOC の文型ですが、「昨夜の大雪が、私がそれを諦める状況を作り出した」という因果関係を表しています。私が諦めざるを得ない状況を作り出した自然の有無を言わせぬ力を感じさせますね。

 では、make の用法の中で、我々が最も使えない文を紹介しましょう。皆さんは次の英文の意味がわかりますか？

 e. What do you *make* of his remarks?
 f. That experience *made* a man of Akihiko.
 g. He *made* a good lawyer of his son.
 h. Tomoko will *make* a lovely bride.
 i. She *made* him a good wife.
 j. I couldn't *make* anything of this report.
 k. Bob *made* professor in three years.
 l. Will we be able to *make* the station by ten?

m. I'm glad you could *make* it.
n. I finally *made* it last night !
o. What time do you *make* it? / What do you *make* the time?
p. I make it ten past six.
q. How large do you *make* the wedding party?

正解は以下です。

e. 彼の発言を材料にして何を作り出しますか？→彼の発言をどう解釈しますか？
f. その経験が明彦を材料にして男を作り出した→その経験によって明彦は一人前の男になった。
g. 彼は息子を材料にして立派な法律家を作り出した→彼は息子を立派な法律家にした。
　この構文は、強制の意味を表す "He *made* his son a lawyer."（彼は息子を法律家にした）と違って、主語が息子を立派な法律家にするために努力したというニュアンスを含んでいます。したがって、通常 good, great, wonderful, excellent, useful, lovely などの肯定的評価を含んだ形容詞と共に使われます。
h. 智子は（自分を材料にして）愛らしい花嫁を作り出すだろう→智子は愛らしい花嫁になるだろう。
　"Tomoko will *make* a lovely bride of herself." から of herself の部分が省略されたと考えれば分かりやすいと思います。この構文にも、主語が努力して作り出すというニュアンスが含まれており、通常、肯定的評価を表す形容詞と共に使われます。単に「〜になる」という意味の "She will become 〜 ." と区別してください。
i. 彼女は（自分を材料にして）彼にとっていい妻を作り出した→彼女は彼にとっていい妻になった。
　これも、"She *made* him a good wife of herself." から of herself の部分が省略されたと考えてください。書き換えると、"She *made* a good wife to him." となります。やはり、good, great, wonderful, lovely などの肯定的

形容詞が付されるのが通常です。強制の意味を表す、"He *made* her his wife."（彼は彼女を妻にした）とは区別してください。

j. この報告書を材料にして何も作り出せなかった→この報告書はさっぱりわからなかった。

k. ボブは3年で教授を作り出した→ボブは3年で教授になった。
「手を加えたり、努力したりして作り出す」というmakeの基本イメージは、「努力の成果として何かを成し遂げる、何かに到達する」という意味にも広がっていきます。ここでは、「ボブは3年で教授の地位に到達した」と言っているのです。

l. 我々は10時までに駅に到達することができますか？→10時までに駅に着きますか？ k.のmakeと同じ用法です。「10時までに駅を作れますか？」と訳さないように。大工さんではありません。そうすると、"I couldn't *make* the date on time last night." といった英文も楽勝ですね。「（頑張ったけど）昨夜のデートに遅れちゃった」という意味です。

m. 君がこの場に到達してくれて嬉しいよ→来てくれてありがとう。
楽勝ですね。この英文はパーティーなどでよく使われる表現です。

n. 昨夜遂に成し遂げたんだ！→昨夜遂にうまくいったんだ！
日常会話では本当によく使われる表現です。いったい何がうまくいったんですかね。試験、ビジネス、それとも彼女との関係？ このitはもちろん文脈で判断してください。

o. （頭の中では）何時を作り出していますか？→何時ですか？
これはイギリスでよく使われる表現です。アメリカでは、"What is the time? / What time is it?" が一般的です。

p. （頭の中では）6時10分過ぎを作り出しています→6時10分過ぎだと思います。

q. （頭の中では）どれくらいの規模で結婚式を作り出していますか？→結婚式の人数はどれくらいだと思いますか？

どうですか？ すべてmakeの基本イメージの延長線上にありますね。

5 go

　中学校のとき、go は「行く」、come は「来る」と習いますね。もちろん、それ自体は間違ってないのですが、それだけでは go / come を含んだ多種多様な表現は理解できません。go と come は移動を表す基本語中の基本語なので、豊かな意味の広がりを持っています。go の「行く」という基本イメージは、「(話し手の視点から見て) 何かが離れていく、移動する」「状況が進行する」「動く」「別の物や状態に行く→変化する」といったイメージへと広がっていきます。次の例文に挑戦してみましょう。

    a. The profit directly *goes* to you.
    b. This sofa can *go* in my study.
    c. His success story in Tokyo *goes* like this.
    d. *Is* your study *going* well?
    e. This trick *went* completely unnoticed.
    f. Yen *goes* anywhere in Asia now.
    g. He couldn't get this machine *going*.
    h. His salary this year will *go* to thirty million yen.
    i. This fish *has gone* bad in the fridge.
    j. Something *went* wrong between us.
    k. Akiko *went* mad when she saw me going out with Lucy.

正解は以下です。

    a. 利益は直接あなたのところに移動します→利益は直接あなたに帰属します。
　　　利益の移動先を go が表しています。
    b. このソファーは私の書斎に移動することも可能だ→このソファーは私の書斎に置いてもいいなあ。
　　　これもソファーの移動先を go が表しています。
    c. 彼の成功談はこのように進行します→彼の成功談は次のようなものです。
　　　彼の成功談が進んでいく様を go が表しています。

d. 勉強はうまく進行している？→勉強は進んでいる？
   勉強が進んでいく様を go が表しています。
e. この仕掛けはまったく気づかれない状態で進行した→この仕掛けはまったく気づかれないでいた。
   主語が unnoticed の状態で進行したことを go が表しています。
f. 現在円はアジアのどこでも進行している→現在円はアジアのどこでも通用する。
   円がどこでも進んで行くということは、円がどこでも通用するということです。
g. 彼はこの機械が動いている状況を手に入れることができなかった→彼はこの機械を動かすことができなかった。
   機械が going ということは、機械が動くということですね。
h. 今年の彼の年収は 3,000 万円にまで移動します→今年の彼の年収は 3,000 万円に達するだろう。
   羨ましいですね。彼の年収の移動先が 3,000 万円だと言っています。
i. この魚、冷蔵庫の中で悪い状態に移動した→この魚、冷蔵庫の中で腐っちゃった。
   「行く」ということは単に場所だけでなく、ある状態にまで行く、つまり状態変化にも繋がっていきます。
j. 私たちの間で何かが不都合な状態に移動した→私たちの間で何かがおかしくなった。
   これも不都合な状態まで行ったという状態変化を表しています。
k. 私がルーシーとデートしているところを見たとき、明子は怒り狂った。
   これも明子の状態変化を表していることは簡単にわかりますね。

go のイメージと使用範囲の広さがわかっていただけましたか？ "I didn't know go *goes* that far."（go がこんなに使えるなんて知らなかった）だって。それにお腹が空いたから、今からマクドナルドに行ってくるの？ 試しに、"Two cheese burgers and one strawberry shake to *go*, please."（チーズバーガー 2 個とストロベリー・シェイク 1 個、持ち帰りでお願いします）と英語で注文してみて（絶対迷惑がられるけど）。急ぐほうがいいよ。"You have only thirty minutes to *go* before you *go* back to work."（就業時間まであと 30 分しかないから）。

6 come

　come も移動を表す基本語中の基本語なので、豊かな意味の広がりを持っています。でも、go の中核イメージとその広がりを感じ取った皆さんには、come も簡単に乗り越えられると思います。方向性が問題になるときには go の反対になるだけだからです。もちろん、come の中核的イメージは「来る」です。そこから、「到来する」「状況が進行する」「別の物や状態まで至る→変化する」といったイメージへと広がっていくのは、容易に想像がつきますね。

　　a. Nothing *came* to mind at the meeting.
　　　（会議では何も思いつかなかった）
　　b. The movie is *coming* soon.
　　　（その映画はもうすぐ上映されるよ）
　　c. Your stop *comes* after Ueno.
　　　（君の降りる駅は上野の次だよ）
　　d. Your son *has been coming* on well here.
　　　（息子さんはここではよくやってますよ）
　　e. Don't worry. Everything will *come* fine.
　　　（大丈夫。何もかも上手くいくから）
　　f. Things will *come* right in a week or so.
　　　（事態は 1 週間ほどで正常になるだろう）

といったようにです。ここでは come のより正確な使い方を知るために、次の 2 点を紹介したいと思います。

　1 点目は、「go＝行く」「come＝来る」という中学校で習う公式には振り回されないことです。例えば、"I'm coming." とか "He'll come to the station to pick you up." などは、「今行くよ」「彼が空港に迎えに行くから」と訳すのが適切だからです。これは come に go の意味が含まれていたり、話し手が思いつきでいい加減に使っているからではなく、go と come の視点の違いによるものです。つ

まり、話し手が視点をどこに置くかによって、go と come の選択が決まります。go が「話し手の視点から主語が離れて行く」のに対して、come は反対に「話し手の視点に主語が近づいて来る」というイメージです。これが come に「来る」と「行く」の両方の意味が含まれていると錯覚させられる原因です。例文で説明しましょう。

 g. I'm *going* to his party this weekend.
  （今週末彼のパーティーに行くつもりだ）
 h. I'm *coming* to your party this weekend.
  （今週末君のパーティーに行くよ）

g. では go、h. では come が使われていますね。でもこれらの英文では、両方とも日本語では「行く」に相当します。なぜ両者に go と come の違いが起きるのでしょうか。その理由は、g. では、話し手は自分がいる場所に視点を置き、そこから離れた場所である彼のパーティーに行くと言っているからです。つまり、焦点から離れていく感覚です。一方 h. では、話し手は相手のいる場所に視点を置き、そこでのパーティーに主語である自分がやって来ると言っているのです。つまり、焦点に近づいていく感覚です。言い換えれば、自分ではなく、相手のいる場所を中心に据えて文を組み立てているため、相手からみれば自分がやって来るので come を使っているのです。もちろん、

 i. I'm *going* to your party this weekend.

とも言えますが、come のほうが相手の立場への心遣いや配慮が感じられます。もう一度整理しましょう。go と come が移動を表すときは、go は「話し手の視点から主語が他の場所へ行く」ときに、一方、come は「話し手の視点へ主語が来る」ときと「相手の場所、あるいは相手も行くことになっている他の場所に主語が行く」ときに使われます。

 j. *Go* and find him！
  （奴を捕まえに行け！）

k. "Koji, *come* to my room this minute."
   （光司、すぐ来て）
   "Sorry, I can't *come* now."
   （ごめん、今は行けないよ）
l. Let's *come* and meet him at the airport tomorrow.
   （明日彼を空港に迎えに行こうよ）

などの文はもう楽勝ですね。もちろん、come も「移動」を表す基本動詞なので、go と同じく「状況が進行する」場合にも使えます。

m. How is your work *going*?
   （仕事進んでいる？）
n. How is your work *coming*?
   （仕事進んでいる？）

この場合にも、やはり視点の違いによって go と come が使い分けられています。m. では、話し手は仕事の開始時に視点を置いています。そこから仕事はどう進行していったのかと尋ねているのです。他方 n. では、話し手は仕事の完成時に視点を置いて、そこまで仕事はどう進行してきたのかと聞いています。どうですか？ これからは、「go＝行く」「come＝来る」という言葉の公式ではなく、自分がどこに視点を置いて話しているのかを考えて、go と come を使い分けてください。

2 点目は、go と同じく、come も「状態に至る」という意味での状態変化を表すことができますが、その際、go との間には正反対の方向性が含まれています。日本語でもそうですが、誰しも自分の視点から離れていくものには否定的評価を、逆に自分の視点に来てくれるものには肯定的評価を与えてしまいます。この心理的メカニズムは go と come が状態変化を表す場合にも反映されます。つまり、離れていくイメージの go は、go bad（腐る）、go wrong（具合が悪くなる、故障する）、go out of one's mind（頭が狂う）、go rotten（腐る）、go mad（怒る）といったマイナスイメージの表現に繋がり、他方、近づいて来るイメージの come は、come right（正常になる）、come fine（よくなる）、come true（実現

する)、come to life（生き返る)、come to sense（正気になる）などプラスイメージへと繋がっていきます。

o. He must *have gone* out of his mind to behave like that.
   (そんな行動を取るなんて、あいつはきっと狂っていたんだ)
p. Hey, *come* on! Your dream will certainly *come* true.
   (おい、バカなことを言うなよ。君の夢はきっと実現するよ)

大丈夫ですね。ここでの "Come on !" が、「正常に戻れ→バカなこと言うなよ」(Don't be silly) の意味だということはもう感覚でわかりますね。

7 take

　学校では take は「とる」としか習わないので、この基本語にはいくつかの点で補足説明が必要です。もちろん、take の意味は「とる」で結構です。しかし、この「とる」は、日本語の「取る、撮る、採る、摂る、獲る、捕る」等、様々な「とる」を表現することができます。ただ繰り返し述べてきたように、大切なのは言葉の形式ではなく、その中核的イメージの把握です。take の中核にあるのは、「目的語を主語の領域内に取り込む、引き受ける」というイメージです。

a. I *take* this medicine every day.
   (毎朝この薬を飲んでいる)

日本語では「薬を飲む」と言いますね。それを受けて "I drink this medicine 〜 ." と英訳する人もいるかもしれませんが、薬や栄養は体内に取り込む（摂取する）ものです。したがって、英語では take が使われます。また、学校で必ず熟語として覚えさせられる、

b. She *is taking* care of her baby.
   (彼女は現在赤ん坊の世話をしている)

も簡単に説明がつきます。careを自分の領域内に引き受けるので、"take care of〜"（〜の世話をする）と言うのです。こうしたtakeの中核的イメージがわかれば、

 c. Let's *take* a taxi.
  （タクシーで行こう）
 d. He didn't *take* my advice.
  （彼は私の忠告を受け入れなかった）
 e. We *took* a trip to Fukuoka last month.
  （先月旅行で福岡に行った）

などの表現も難なく理解できるはずです。
 次に、takeの「取り込む、引き受ける」という基本イメージから、人が主語のときは常に意志が含まれる点に注意してください。上に挙げた"take medicine" "take care of" "take a taxi" "take advice" "take a trip"には、当然主語の意志が含まれています。この点が、人が主語でも有意志・無意志の双方に使えるget やhaveとの大きな違いです。そうすると、

 f. He *takes* after his father.
  （彼は父親似だ）

ではどこに主語の意志が含まれているんだ。「俺は顔だけは親に似たくなかったぞ」と言い張る人もいるでしょう。確かに、生まれるときに自分の意志で親に似る人はいませんよね。でもこう考えてください。afterの基本イメージは、「〜の後を追っていく」ですね。つまり、「彼は父親の血を自分の中に取り込み、その後を追っている→彼は父親に似ている」となるのです。ここでは主語に血を受け継ぐ意志があったかのような擬制をtakeが担っています。次の表現は少し上級者向けかもしれませんが、

 g. He *was* taken ill last week.
  （彼は先週病気になった）

というのがあります。このときは人を主語にしていながら、主語が自らの意志で病気になったわけではないので、受動態で表されます。

　take の主語に意志が含まれていない例としては、いわゆる無生物主語構文を挙げることができます。

- h. It *took* (me) two hours to get there.
（そこへ着くのに 2 時間かかった）
- i. This work will *take* a lot of patience to complete.
（この仕事を完成させるには多大な忍耐を要するだろう）

などは学校でお馴染みの構文ですね。このとき take の主語には意志が含まれていませんが、「そこへ到着するには 2 時間を取り込む必要があった」「この仕事の完成には多大な忍耐を取り込む必要がある」と言っており、take の基本イメージから決して外れるものではありません。

　更に、「取り込む、引き受ける」という意味は、必然的に選択する意志へと繋がっていきます。買ったり、借りたりするときにも take は使われますが、この選択の意志は buy, purchase, rent などにはない take の積極的な感覚です。

- j. I'll *take* this.
（これにするよ）

には、選択して決めたというニュアンスが強く感じられます。先に挙げた、"Let's take a taxi." も、「（電車、バス、徒歩ではなく）タクシーを選択しよう」と言っているのです。

　では、次の英文の意味はわかりますか？

- k. She *took* my remark as an insult.
- l. He *takes* delight in playing the piano.
- m. Don't *take* it personally, please.
- n. We couldn't *take* any more of her arrogance.
- o. The police *took* it to be a real estate fraud.

p. Can I *take* it that you will be here next week?

すべて take の基本イメージが心理的レベルで使われているだけですね。正解は以下です。

k. 彼女は私の発言を侮辱として取った→侮辱と見なした。
l. 彼はピアノの弾くことに喜びを取り込んでいる→喜びを感じている。
m. それを個人的なものとして取らないでください→個人的に非難したものと考えないでください。
n. 我々はもうこれ以上彼女の傲慢さを引き受けることはできない→彼女の傲慢さにはもう我慢できない。
o. 警察はそれを不動産詐欺だと取った→警察はそれを不動産詐欺だと見なした。
p. あなたが来週ここに来ると取っていいのでしょうか？→来週お見えになると考えていいのでしょうか？

最後に take が移動に使われる場合を紹介しましょう。ズバリ言って、take は go の他動詞だと考えてください。人や物を伴った移動、つまり、「主語が人や物を取り込み、それを他の場所へ持って行く」のです。

q. Will *you* take me to Ueno?
（上野まで行ってくれますか？）
r. *Take* this money with you.
（このお金を持って行きなさい）

8 bring

take を学べば、次は bring です。take にはかなり紙幅を割いたので、bring は簡単な説明で大丈夫だと思います。2 点だけ注意しておきましょう。
まず、bring の中核にあるイメージは、「（人や物を）連れてくる、持ってくる」です。つまり、take が go の他動詞なら、bring は come の他動詞だと考えてください。人や物を伴った移動、つまり、「主語が人や物を他の場所から連れてくる、ある

いは持ってくる」のです。

 a. They'll *bring* their daughter tomorrow.
  （彼らは明日娘を連れてくるよ）
 b. The success *brought* him a fortune.
  （その成功が彼に財産を持ってきた→その成功で彼は財産を築いた）

などがその典型です。ただ、bring が come の他動詞的役割をするのであれば、come のところで説明したように、話し手が視点をどこに置くかによって、bring を「持って行く」と訳すほうが適切な場合もあります。例えば、話し手がいる場所を視点として、「これをお父さんのところに持って行って」と言えば、

 c. *Take* this one to your father.

となります。一方、お父さんのいる場所に視点を置いて、「これをお父さんのところに持って行って」と言いたければ、

 d. *Bring* this one to you father.

となります。次の対話も共に bring 使っていながら、「持って行く」と「持ってくる」に分かれます。

 e. A: "What shall I *bring* to / for the party this weekend?"
   （今週末のパーティーには何を持って行けばいい？→話し手の視点はパーティー）
  B: "*Bring* yourself."
   （手ぶらで来てね→話し手の視点はパーティー）

　次に、bring の対象には人や物だけでなく、出来事や抽象的なものも含まれるという点です。

f. Stupidly enough, many Americans believe that the atomic bombs *brought* the war to an end.
（愚かなことに、原爆が戦争を終結させたと信じているアメリカ人は多い）

g. Marriage does not always *bring* us happiness.
（結婚が必ずしも幸せをもたらしてくれるわけではない）

h. It will take long to *bring* the turmoil under control.
（その混乱を鎮めるのには時間がかかるだろう）

といったようにです。こうした文では、bring はもたらすという動きよりも、もたらされる結果に焦点を置いているとも言えますが、話し手の視点に「持ってくる」という bring の基本イメージには相違ありません。

9 give

bring が「持ってくる」という意味において、「持って行く」という意味の take の対極にあるのだとすれば、give は「自分の領域から外へ出す」という意味において、「自分の領域に取り込む」という意味の take と対極の位置にあります。"give and take"（持ちつ持たれつ）という表現をよく耳にするのもそのためです。
give は学校では「与える」という意味の授与動詞として教わりますが、ここでも大切なのは授与という言葉ではなく、「自分の領域から外に出す」という中核的イメージです。「与える」はそうした中の１つの訳例にすぎません。自分の領域から何かを外に出す場合であれば、主語と目的語の内容によって、「くれる」「伝える」「教える」「行う」「見せる」「述べる」「渡す」「差し出す」「もたらす」「生じさせる」など、限りなく訳例は変化していくからです。更に言えば、give は主語や目的語に人、物、出来事のいずれを取ることも可能であり、主語に意志がある場合にも、無意志の場合にも使えます。

a. She *gave* us thanks.
（彼女は我々に礼を述べた）

b. He *gave* the door a knock.
（彼はドアをノックした）

c. Come on! *Give* me a break, will you?
      (おいおい、勘弁してくれよ)
   d. Don't *give* me a cold.
      (俺に風邪を移すなよ)
   e. The accident *gave* us a lot of information and a lesson.
      (その事故によって多くの情報と教訓がもたらされた)
   f. The girl *gave* a sudden scream.
      (その女の子は突然悲鳴をあげた)

といったようにです。もちろん、これらすべての英文が、「主語が自分の領域内から外に出す」という give の基本イメージに裏打ちされていることはおわかりいただけるでしょう。

　ここでは give の用法に関して、我々日本人が誤解していると思われる点を 2 つ指摘したいと思います。

　1 点目は、give はいわゆる二重目的語構文（学校では SVOO という第 4 文型）で用いられる動詞の代表格であり、"give A B"（A に B を与える）は "give B to A" に書き換えることができると教わります。もちろん、この説明自体には間違いはないのですが、意味的な観点から少し補足が必要です。

　二重目的語構文とは、間接目的語と直接目的語を含む文ですが、主語の行為の結果、間接目的語が影響を受け、直接目的語を「所有」「受領」「学習」「知覚」「認識」したことを強調しています。例えば、

   g. I *sent* the money to her.
      (その金を彼女に送った)
   h. I *sent* her the money.
      (その金を彼女に送った)

における g. の to her は、私が送ったお金の「移動先」が彼女であることを強調しており、一方、h. では彼女が送られたお金を受け取ったこと、つまり、お金が彼女の所有に入ったニュアンスが強く出ています。したがって、

i. I *sent* the money to her, but she hasn't received it yet.
（その金を彼女に送ったが、彼女はまだ受け取っていない）

は適格な文ですが、

j. *I *sent* her the money, but she hasn't received it yet.

は不適格とされています。"give A B" と "give B to A" にも同じメカニズムが働いており、

k. He *gave* the door a kick.
（彼はドアを蹴飛ばした）

は適格な文ですが、

l. *He *gave* a kick to the door.

は不適格です。ドアは kick という行為を受け取れるので二重目的語構文は適格ですが、kick をドアに移動させるという状況はあり得ないからです。もっとも、相手が受け取った場合でも、その立場や地位に対する敬意から、距離感を出したいときは、

m. He *gave* the sword to the king.
（彼は王に剣を贈った）

といった "give B to A" 型が好まれる傾向にあります。
　これとの関連で、give が用いられた受動態もより正確に理解しておきましょう。学校では、give を用いた第4文型（二重目的語構文）を受動態にすると、

n. The money *was given* to Mary (by me).
o. The money *was given* Mary (by me).

のどちらも可能だと教わります。しかし、正確に言えば、どちらでもいいのではなく、元になった能動態の文に違いがあります。n. の to Mary では、「誰に与えられたのか」という移動先が強調されており、能動態にすると、

    p. I *gave* the money to Mary.

となります。それに対して、o. の文の能動態は、

    q. I gave Mary the money.

となります。また、「そのお金誰にあげたの？」と尋ねるときは、

    r. Who(m) did you give the money to?

のほうが、

    s. Who(m) did you give the money?

よりも情報構造に叶った文となります。

　2つ目は、give に前置詞が伴われる場合は、必ず to が使われると思われている点と、give は "give A" という目的語が1つだけの第3文型で使われることはないと誤解されている点を訂正しておきます。
　まず、何かを手に入れる対価や犠牲として、目的語を与える場合には、

    t. You'll have to *give* more than a million dollars for the deal.
　　　（その取引を手に入れるためには100万ドル以上の代償が必要だろう）
    u. He *gave* two million yen for the used car.
　　　（彼はその中古車の代金に2百万円払った）

と「交換」を表す前置詞 for が用いられます。また、何か無意識的な行為がなされた場合に、SV だけでは文としての収まりが悪いときは、"SVO" の第3文型で

give が使われこともあります。

 v. She *gave* a shout.
  （彼女は叫んだ）
 w. He *gave* a jump.
  （彼は飛び上がった）

といったようにです。

10 do

do は「する」に相当する基本動詞です。日本語でも「〜する」という表現は、「勉強する」「運動する」「食事する」「結婚する」など、非常に多くの名詞と連結して用いられ、万能語のようなイメージがあります。英語でも do は様々な名詞や動名詞と連結して、それぞれの名詞に対応する動詞の意味を表すことができます。ここでは、我々がなかなか使いこなせない do の用法をいくつか紹介しましょう。

まず、「do ＋名詞 / 動名詞」のパターンです。「宿題をする」「研究する」「仕事をする」であれば、「する」という部分から、"do (the / some / one's) homework / research / work" は自然に理解できますが、「皿を洗う」「料理をする」「買い物をする」「洗濯する」「掃除する」と言えば、どうしてもそれに相当する動詞をまず考えてしまいがちです。もちろん、wash, cook, shop, clean などの動詞を使って表すこともできますが、

- *do* the dishes（皿を洗う）
- *do* the cooking（料理する）
- *do* the shopping（買い物をする）
- *do* the wash（洗濯する）
- *do* the cleaning（掃除する）

といった形で用いることもできます。特に、SV だけによる文の収まりの悪さを避けたり、名詞表現が持つ力強さを出したいときには、こうした「do ＋名詞 /

動名詞」パターンが好まれます。もっとも、doの目的語にはあらゆる名詞が可能なわけではないので、1つ1つの表現を覚えていくしかありません。

では、次の表現に挑戦してみましょう。

a. I couldn't *do* Tokyo when I visited Japan last time.
b. Have you *done* with it?
c. What'*s* this book *doing* here?
d. How'*re* you *doing*?
e. Her English won't *do* here.
f. This will *do* for me.

正解は以下です。

a. 前回日本を訪問したときは、東京見物はできなかった。
「東京ができなかった」なんてワケのわからない日本語を編み出さないでくださいね。これは、"do the sights of Tokyo"（東京見物をする）から、"the sights of"の部分が省略された表現です。

b. それもう終わった？
doが過去分詞で用いられると、通常、「完了」の意味になります。もっとも我々には、"Have you done it?" という表現のほうがわかりやすいですが。"done with it" のdoneは、他動詞ではなく、「終えた」という意味の過去分詞型形容詞と考えてください。だから、"done it" と直接に目的語を取ることができないのです。

c. どうしてこの本がここにあるんだ？
doを用いた表現の中で、最もわかりにくいのがこれだと思います。そのまま訳せば、「この本はここで何をしているんだ？」となります。我々には、"Why is this book here?" という英文しか、あるいはもう少し英語力が向上しても、"Why does this book happen to be here?" といった英文しか浮かびませんが、とっさの驚きを表すときには、"What is this book doing here?" のほうが適切です。あたかも本に意志があって行動を起こしているかのような素朴な力強さが、doによって伝わるからだと思います。

d. どう、元気ですか？

アメリカでは "How are you?" の意味で広く使われています。do の基本イメージである「する」から、「どのように行動していますか？」という相手の調子を尋ねる表現へと繋がっていきます。

e. 彼女の英語はここでは通用しないだろう。

do の基本イメージである「する」は、「してくれる→役割を果たしてくれる、用を足してくれる、礼儀にかなう」といったイメージへも広がっていきます。自動詞として使われ、通常、主語には無生物が置かれます。この文では、「彼女の英語は役割を果たしてくれないだろう→彼女の英語は通用しないだろう」ととなります。

f. 私にはこれで十分です。

これも d. と同じく、「役割を果たしてくれる、用を足してくれる」という意味の自動詞用法です。「これは私にとって用を足してくれるだろう→私にはこれで十分です」となります。

11 keep

中学校では keep を「保つ」と習いますね。でも実際は、「ボールをキープする」「ボトルをキープする」「デートの相手を何人かキープしている」「信用をキープする」など、カタカナのまま幅広く使っているのが現状です。keep の中核的イメージは、「ある物や状態を一定期間以上持ち続ける」ということです。したがって、人が主語の場合は、有意志と無意志の両方の場合に使える have とは違い、常に意志が含まれています。このイメージを押さえておけば、「保つ」という日本語に振り回されることなく、keep を使いこなせると思います。

a. She *has kept* a diary since she was ten years old.
 （彼女は 10 歳からずっと日記をつけている）
b. Hey, *keep* your word !
 （おい、約束は守れよ！）
c. You must *keep* this lesson in (your mind).
 （この教訓を心に留めておくように）

d. *Keep* this seat for me, will you? / *Keep* me this seat, will you?
（この席を取っておいてくれる？）

e. They *kept* a Chinese restaurant for a long time there.
（あそこでは長い間中華料理店を経営していた）

f. She *keeps* the money in the bank.
（彼女はその金を銀行に預けている）

g. Will you *keep* an eye on this bag?
（このカバンを見張っておいてくれませんか？）

h. He cannot *keep* himself, much less his family.
（彼は自分1人でも食べていけない。まして家族など養えない）

i. They *keep* cows and pigs on the farm.
（その農場では牛と豚を飼っている）

j. You should *keep* quiet.
（静にしていなさい）

k. *Keep* smiling, OK?
（いい、微笑みを絶やさずにね）

l. *Keep* off the grass.
（芝生に入るべからず）

などの文では、「つけている」「守る」「心に留めておく」「取っておく」「経営する」「預けている」「養う」「飼っている」「quiet / smiling / off the grass のままでいる」と訳していますが、その根底にあるのはすべて「ある物や状態を一定期間以上持ち続ける」という keep の基本イメージです。

なお、"keep 〜 ing" も "keep on 〜 ing" も「〜し続ける」という意味ですが、"keep on 〜 ing" のほうが行為の反復・継続が強調され、しばしば相手の頑固さやしつこさに対する苛立ちを表します。

m. She *kept* on talking after the teacher told her not to.
（彼女は先生が注意した後でも話し続けた）

keep で最も多い用法でありながら、なかなか使いこなせないのが、"keep OC"

といういわゆる第5文型で使われるパターンです。もちろんこれも keep が have, get, make などと同様に、SVOC という文パターンの中で使われているだけで、「一定期間以上持ち続ける」というイメージには何ら変わりありません。つまり、「O が C である状況を一定期間以上持ち続ける」ということです。次のような英文がスラスラ出てくると、もう keep は大丈夫です。

n. It's freezing, isn't it? These clothes will *keep* you warm.
   （本当に寒いね。これを着ると暖まるよ）
o. You'd better *keep* the beer cool.
   （ビールを冷やしておくほうがいいよ）
p. This medicine *kept* me awake.
   （この薬を飲んだので眠らずにいた）
q. *Keep* this bottle out of the reach of your baby.
   （この瓶は赤ちゃんの手の届かないところに置いておくように）
r. Will you *keep* me informed of his life?
   （彼の生活について絶えず私に知らせてくれませんか？）
s. I'm sorry to *have kept* you waiting so long.
   （こんなに待たせて申し訳ありません）

では、最後にこんな英文はどうですか？

t. She couldn't *keep* from crying at the sight of her son.
   （彼女は息子の姿を見て泣かずにはおれなかった）
u. I'm afraid this food stuff won't *keep*. It'll have gone bad by tomorrow morning.
   （この食料品はもたないだろう。明日の朝には腐っているだろう）

学校では、"keep A from 〜"（A に〜させない）という表現を熟語として覚えさせられますが、これも「〜することから A を離れた状態に保つ」と言っているだけです。

12 hold

　hold も「ある物や状態を保持する」という意味であり、keep の類義語とも言えます。ただ、日本人にはむしろ keep よりも使いにくい基本語ではないでしょうか。その理由は、目的語によって hold に、「持つ、握る、抱く」と「やめる、おさえる」という、一見すると関連性のない和訳が当てられているからだと思います。もちろん、ある動詞の中核的イメージが目的語によってコロコロ変化することなどあり得ません。hold の中核は、前述のように、「ある物や状態を保持する」ですが、保持とは、対象が固定されたものや抽象的なものであれば、「そのまま持っている、握っている、抱いている」となり、動きを伴ったものであれば、「(動かないように) おさえておく、(動きを) やめさせる」に繋がるのは自然の流れです。また、hold が自動詞として使われた場合は、やはり「保持する」から「頑張る、持ちこたえる、持続する」へとイメージが広がっていきます。次の例文を見れば、keep との違いがわかると思います。

a. *Hold* this case.
　　（この箱を持っていて）
　　Keep this case.
　　（この箱あげるよ）

b. *Hold* the door open.
　　（ドアを開けておいて）→　例えば、閉まらないように手でドアをおさえておいてくれと頼む場合。

　　Keep the door open.
　　（ドアを開けておいて）→　単にドアを開けたままにしておくようにと頼む場合。

c. *Hold* your fire！
　　（発砲をやめろ！）
　　Keep your fire！
　　（発砲を続けろ！）

d. Will you *hold* this table for me?
 （この席を取っておいてくれませんか？）→ 例えば、混雑していて今にも席が奪われそうな状況で。つまり、「席をしっかり確保していて」というニュアンスになります。

 Will you *keep* this table for me?
 （この席を取っておいてくれませんか？）→ hold のように、「（取られたりしないように）しっかりと確保しておく」というニュアンスは薄れます。

では、こうした基本イメージを元に、hold が用いられた様々な英文に挑戦してみましょう。我々にはなかなか使いこなせない表現かもしれません。

e. *Hold* your tongue! / *Hold* your breath!
f. We'll have to *hold* a meeting.
g. *Hold* yourself still.
h. I *hold* you (to be) responsible for the divorce.
 I *hold* (that) you are responsible for the divorce.
i. He *holds* a strong belief about this matter.
j. Is this ship big enough to *hold* more than five hundred?
k. The plane *held* its course in the storm.
l. He *held* office three years ago.
m. *Hold* on, brother!
n. *Hold* on to your belief.
o. That hut *held* in spite of the violent storm.
p. This rule *holds* good / true in all cases.
q. Our promise still *holds* (good / true).

いくつわかりましたか？ 正解は以下です。

e. 黙れ！/ 息を止めろ！
   舌の動きや呼吸の流れをおさえろという意味です。
f. 会議を開く必要があるだろう。
   会議をおさえておくという意味です。
g. 動かないで。
   あなた自身の動きをおさえた状態にするという意味です。
h. 私は離婚の責任は君にあると考えている。
   「保持する」対象は考えや意見にも広がっていきます。
i. 彼はこの件に関しては強い信念を抱いている。
   ここでも考えや意見が「保持する」対象になっています。
j. この船は500人以上乗れる？
   「保持する」は、収容能力にも繋がります。
k. 飛行機は嵐の中そのコースを取り続けた。
   「保持する」は「状態を保つ」にも繋がります。
l. 3年前彼は官職に就いていた。
   「事務所を持っていた」ではありませんよ。office を不可算名詞で用いると、「官職、公職」という意味があります。それを「保持していた」と言っているだけです。
m. おい、頑張れよ！
   「保持する」は「頑張る、持ち堪える」にも繋がります。
n. 信念を捨てるな。
   「保持する」対象を明確にしたいときには、hold on to ～ / hold onto ～ が使われます。
o. 激しい嵐にもかかわらず、その小屋は倒れなかった。
   これも「持ち堪えた」という意味ですね。
p. この規則はあらゆる場合にあてはまる。
   「good / true な状態を保持する」ということは、「有効である、当てはまる」という意味です。

q. 我々の約束はまだ有効である。
good / true が省略される場合もあります。

13 leave

　leave の中核的イメージは「〜から離れて行く」です。leave と言えば、「去る」という意味でしか使えない人が多いようですが、実は leave も、様々な文型で使うことのできる基本動詞です。「離れる」ということは、「出発する」「やめる」「放棄する」「卒業する」に派生し、また離れていけば何かを残していくこともあるわけで、主語に意志がある場合は、「残す」「任せる」「預ける」に、意志のない場合は、「残して死ぬ」「置き忘れる」へと繋がっていきます。更に SVOC の文型で用いられると、「O が C である状況から離れて行く→O を C のままにしておく」（保持ではなく放置）になります。

　では、leave を使った代表的な表現を見ていきましょう。

a. I'm *leaving* Kyushu for Tokyo tomorrow.
b. My daughter *left* school this year.
c. He *left* his wife for a young woman in the bar.
d. She *left* the clean plates.
e. Don't *leave* your belongings behind.
f. Why don't you *leave* your overcoat with them?
g. *Leave* this decision to me.
h. We *left* him to look for the missing dog.
i. Hey, *leave* me some chocolate!
j. He *left* his children a large fortune.
k. We have nothing *left* in the fridge.
l. Don't *leave* the door open.
m. *Leave* me alone. Mind your own business!
n. You should *leave* everything as it is.

どうですか？ すべて「離れる」という基本イメージから派生しているのがわかりますか？

a. 明日東京に向けて九州を離れる予定です。
   文字どおり「離れる」です。
b. 娘は今年学校を卒業した。
   文脈によっては、「学校をやめた」になります。
c. 彼は奥さんを捨てて、飲み屋の若い女に走った。
   ここでは、"for a young woman in the bar"（飲み屋の若い女を求めて）の部分から、「奥さんを捨てた」という意味だとわかりますね。もし、"He *left* his wife." だけなら、「奥さんを残して死んだ」という意味にもなります。また、"He *left* his wife in the trip to Hokkaido last month." のように時間や機会を限定すると、「彼は先月の北海道旅行には、奥さんを残していった→奥さんを連れていかなかった」になります。このように、基本イメージが同じでも、最終的には文脈で決まります。もちろん、これは leave に限られたことではありません。
d. 彼女はその料理を全部平らげた。
   「きれいなお皿（食べ残しがないお皿）を残した」→「平らげた」となります。
e. 忘れ物のないように。
   日本のタクシーでもよく見かける英語ですね。ここでの behind は「背後に」という場所を表す副詞です。「忘れるな」という発想から、"Don't forget 〜 ." としてしまいそうですが、これだと、「持ってくるのを忘れるな」という意味になってしまいます。
f. コートを預けたら？
   例えば、ホテルでの会話です。「人に〜を預ける」は、「leave 〜 with 人」という形を取ります。ここでの them はホテル側の人を指しています。この場合の leave は、"*leave* them your overcoat" という SVOO にはできません。
g. この決断は俺に任せておけ。
   「人に〜を任せる」は、「leave 〜 to 人」という形をとります。ここでも、"leave me this decision." という SVOO にはできません。

h. 我々は彼にその行方不明の犬の捜索を任せた。

「人に〜を任せる」では、"leave 人 to V 〜" という形も可能です。この場合は形式主語を用いて、"We *left* it to him to look for the missing dog." とすることもできます。

i. ねえ、私にもチョコレート残しておいて！

leave が SVOO で使われると、「〜に…を残す」という意味になります。「私に」の部分を強調したければ、"Hey, *leave* some chocolate for me !" とします。

j. 彼は子供たちに莫大な財産を残して死んだ。

これも leave が SVOO で使われた例です。「〜に …を残す→〜に …を残して死ぬ」となります。his children の部分を強調したければ、"He *left* a large fortune to his children." とします。

k. 冷蔵庫には何も残っていないよ。

「nothing = left の状況を持っている」と言っているだけです。

l. ドアを開けっ放しにしないように。

l. 〜 n. は、keep が SVOC の文型で使われた例です。"Keep the door open." は、「ドアを閉めないでいてくれ」と言っているのに対して、"Don't leave the door open." は、「ドアを開けたままにして離れるな→ドアを開けたままに放置するな」と言っています。

m. ほっといてくれ。余計なお世話だ！

「me = alone の状態に放置してくれ」と言っています。

n. すべてをそのままにしておくほうがいいよ。

「everything = as it is（ありのまま）の状態に放置しておくべきだ」と言っています。

14 find

　今までいろいろな箇所で、「我々にはなかなか使えない」という表現を使ってきましたが、ここで紹介する find はその中でも最たるものだと思います。特に、「〜だった」「〜した」「〜がいる／ある」などで find を使った英文を駆使できる日本人は多くないと思います。例えば、

　　a. 今回の旅は素晴らしかった。
　　b. 今年は中国語を勉強する学生が増えるだろう。
　　c. 残念なことに、彼は外出中だった。
　　d. その村は洪水で破壊された。
　　e. 君の財布は引き出しの中にあるよ。

を英訳してみてください。多くの人は、

　　a. This trip was wonderful.
　　b. The number of students who study Chinese will be increasing this year.
　　c. Unfortunately, he was out.
　　d. The village was destroyed by the flood.
　　e. Your wallet is in the drawer.

とするのではないでしょうか。もちろん、これらの英文でも間違ってはいませんが、対象を目の前に置き、主語自らそれを経験したことを、あるいは経験したかのような現実感、躍動感を伝えたい場合は、

　　a. We *found* this trip wonderful.
　　b. You'll *find* more students studying Chinese this year.
　　c. Unfortunately, I *found* him out.
　　d. I *found* the village destroyed by the flood.
　　e. You'll *find* your wallet in the drawer.

と find を用いた表現が、ネイティブたちの間で自然と交わされます。こうした find を日本人が使いこなせないのは、学校では find の意味を「見つける」としか教わらず、その躍動感溢れる使い方に接する機会が少ないからではないでしょうか。

確かに、find の中核的イメージは「見つける」ですが、偶然見つける場合には、「見つける→（目にして、経験して、自然と）わかる、知るようになる」という知覚（肉体的知覚にも精神的にも使えます）へとイメージが広がっていきます。また、find は「見つけ出す」という主語に意志が含まれる場合にも使えます。そのときは、「見つけ出す→（調べて、研究して）わかる、考案する、探り出す、理解する」というイメージへと繋がっていきます。これらの躍動的で現実感溢れる find の使い方をいくつか見ていきましょう。

- f. You *find* the moon rock in the pavilion.
- g. He woke up to *find* himself lying on a strange bed.
- h. I *found* him exciting.
  I *found* that he was exciting.
- i. I *found* a true friend in him.
- j. She was able to *find* the key in the dark.
- k. Will you *find* us a taxi?
- l. I *found* it impossible to talk him out of drinking.
- m. Do it and *find* (out) what will happen.
- n. She *found* (out) that her father had a deep love for her.
- o. Be careful not to *find* us out.

正解は以下です。

- f. その展示館には月の石があるよ。
  懐かしいですね。年輩の方々は、アポロが持ち帰った「月の石」が大阪万博で展示されたのを覚えているはずです。展示場所のアメリカ館では、石を見るための入場者で連日数時間待ちの行列でした。でも、実際目にすると、幼かった私には自宅の裏山にある石と何が違うのかよくわからなかっ

た記憶がありますが、当時日本人の多くは、「あれが月の石か」と言いながら、神秘的な感動を抱いたみたいです。みんなまだまだ素朴だったのですね。

g. 目が覚めると、彼は見知らぬベッドで寝ていた。
「〜してみるとわかる」という find のニュアンスがよく伝わる表現ですね。学校では to 不定詞の箇所で、"I hurried to the doctor, only to *find* him out."（医者のところまで駆けつけたが、留守だった）といった英文を教わりますが、この find も同じです。

h. あいつは本当に面白い奴だった。
2文とも、「あいつが面白いやつだとわかった」と言っているだけです。"He was exciting." よりも、自らの経験としてわかったという現実感が伝わりますね。なお、SVOC の "I *found* him exciting." のほうが、that 節を使った "I *found* that he was exciting." よりも、直接に経験したという意味合いを含んでいます。

i. 彼は真の友人だった。
我々には使えない英文ですね。"He was a true friend." が限界だと思います。こうした find を自由自在に操れるようになれば、もう find は卒業なのでしょうが。

j. 彼女は暗闇の中で鍵を見つけ出すことができた。
これは find の主語に意志が含まれている場合です。「見つけ出す、探して手に入れる」などの意味を持ちます。

k. 私たちにタクシーを見つけてくれませんか？
これも主語に意志が含まれている場合ですね。この文は SVOO ですが、「私たちに」の部分を強調したければ、"Will you find a taxi for us?" となります。

l. 彼を説得して酒をやめさせるのは無理だった。
学校でもお馴染みの構文ですね。ここでも find のニュアンスを汲み取ってください。「彼の説得を試みた結果、無理だとわかった」と言っています。

m. それをやってみて、どうなるか見てみろよ。
m.〜o. でも主語に意志が含まれており、find は「（調べて、研究して）わかる、考案する、探り出す、理解する」という意味で用いられています。

この表現の場合、副詞の out を伴うほうが意味は明確になります。
n. 彼女は父が自分に対して深い愛情を抱いているのがわかった。
もちろん、that 節が表す内容も目的語にできます。今まで彼女は父親の愛情に気づかなかったという含みがあります。
o. 我々の正体を見破られないように注意しろ。
find out は、人や物を目的語に取ると、「（〜の中身、正体、内容などを）見破る、見抜く」という意味になります。

15 see と look

see も look も感覚動詞（または知覚動詞）という言葉で呼ばれています。そして両者の違いとして、see は「偶然見える」、look は「見ようと思って見る」と学校で教わります。でもこの説明は 100% 間違いとは言えませんが、大きな誤解を招くことは事実です。see は「偶然見える」場合と、「見ようと思って見る」場合の両方に使えます。look との決定的な違いは、see は対象物を視覚で捉え、それが認識へ繋がる点です。「視覚と認識の繋がり」、これが see の中核です。でもこの点は難なく理解できると思います。見えたもの・見たものは、頭や心で解釈されるのは当然だからです。

ではまず、ただの「見える」だけでは触れることのできない、see の奥深い世界を see しましょう。

a. I *saw* my ex-girlfriend in Hokkaido.
b. He came to the airport to *see* me off yesterday.
c. You have to *see* life.
d. I don't *see* any reason why we should study English.
e. She *saw* at last that she had been taken in.
f. I can't *see* him walking in Paris with a beautiful woman.
g. You'll be *seen* as a liar.
h. *See* if he comes or not.
i. I'll *see* (to it) that they keep you informed.
j. Why don't you see to your health?

どうですか？ 視覚と認識との繋がりをわかっていただけましたか？

a. 元の彼女と北海道で会った。
「見る」ということは、相手に「会う」ことにも繋がります。
b. 彼は昨日空港まで私を見送りに来てくれた。
私が離れていく (off) のを空港で見るということです。
c. 君には人生経験が必要だ。
「人生を見る」ということは、「人生を味わう、経験する」に繋がります。
d. どうして我々が英語を勉強すべきなのかわからない。
see は understand の意味でもよく使われます。お馴染みの、"Oh, I see." (ああ、わかった)、"Let me see ..." (えーと) などもこの例です。視覚で捉えたものが認識へと繋がる see が「理解」を表すのは、自然の流れです。見えるものは理解できるからです。日本語でも、「話が見えない」「先の展開が見えない」と言いますよね。なお、"Let me see ..." は、「理解するのに、今しばし時間をくれ」ということです。
e. 彼女は自分が騙されていたことがようやくわかった。
that 節の内容を直接肉眼で見ることはできないので、当然、「心で見る→理解する」という意味です。
f. 彼が美人と一緒にパリを歩いている姿など想像できない。
人が頭の中で情景を「見る」場合、それは想像上の情景のこともあります。
g. 君は嘘つきと見なされるだろう。
これも頭の中で「見られる」ということです。つまり、「見なされる」「判断される」へとイメージが派生していきます。
h. 彼が来るのかどうか確認しなさい。
「見る」ということは、「見届ける、確認する、調べる」というイメージへも派生していきます。
i. 彼らに絶えず君に情報を伝えさせるようにします。
やはり「見届ける、確認する、調べる」の see です。受験では、"see (to it) that 〜 " で「〜なように取り計らう、配慮する」という意味になると理屈抜きで覚えさせられますね。ただ、これも see の基本イメージから理

解できます。「that 以下が起きるように見届ける」ということです。なお、to は方向性を表す前置詞、it は that 節の内容を指す形式主語です。「to 以下の内容に向けて状況が進むように見届ける」と言っているだけです。

j. 健康に注意しなさい。
　もうおわかりですね。「健康に向けて状況が進むように見届ける」ということです。

どうですか？ このように see はすべてにおいて視覚と認識の結び付きを表しています。

一方、look はどうでしょうか。look は単に「視線を向ける」、つまり、「目を向ける」という表面上の行為しか表しません。see のように、対象物を視覚で捉え、それが認識へと繋がるという循環はなく、あくまで表面的な行為なので、「理解する」「想像する」「確認する」といった認識作用へのイメージの拡大はありません。そして、視線を向ける先によって、前置詞 at, for, to, into, after などと、また副詞の up, down, forward, backward などと連結して使われます。

k. She suddenly *looked* at me.
l. I *looked* for the key, but couldn't find it.
m. The police were *looking* into the matter.
n. We *look* forward to meeting you at the airport.
o. The students *looked* up to the teacher.
p. Don't *look* down on the man.

k. 私という地点に目を向けた（looked at me）→彼女は突然私を見た。
l. 鍵を求めて目を向けた（looked for the key）→鍵を探したが、見つからなかった。
m. 事件の中に目を向けていた（looking into the matter）→警察は事件を調べていた。
n. 前に目を向けている（look forward）→空港でお会いできるのを楽しみにしております。
o. 上に目を向けていた（looked up）→生徒たちは先生を尊敬していた。

p. 下に目を向けるな（Don't look down）→その男を見くびるなよ。

すべての文において、look の基本イメージが伝わってきますね。「目を向ける」という表面上の行為しか表さない look は、自動詞として使われた場合にも、「～のように見える」「～の表情をしている」という、やはり意味範囲が表面に限定されます。

q. Yoshiko *looked* really good on that dress.
（佳子はあの服を着ると本当に似合うな）
r. What does the guy *look* like?
（奴はどんな外見をしてるんだ？）

また look は名詞として使われても、視線の対象の外見しか表しません。日本語でもよく、「あいつはルックスがいい」なんて言いますよね。

s. I want your *looks*.
（君の外見が欲しいよ）

更に間投詞として使われても、look の基本は変わりません。

t. *Look*! What a hell is he doing there?
（おい、あいつはあそこで何やってんだ？）

これも、「目を向けてみろ→おい」となっているだけです。

16 hear と listen

　視覚を学べば、聴覚もやっておきましょう。hear と listen です。これは see と look に対応しています。つまり、hear は聴覚で捉えたものが認識へと繋がる場合に使われます。もちろん、意志を持って聞くときにも、偶然聞こえてくるときにも用いられます。

　　a. I *heard* the strange sound coming out of the house last night.
　　　（昨夜その家から奇妙な物音が聞こえた）
　　b. I couldn't *hear* anything however hard I tried.
　　　（どんなに頑張っても、何も聞こえなかった）

a. では奇妙な物音がして、それを聴覚器官で捉えたということであり、b. では頑張ったけれども、聴覚器官で捉えることができなかったということです。更に、視覚による認識が「理解」や「確認」へと広がったように、聴覚による認識は「知見」「連絡」へと繋がっていきます。日本語でも「知っている」という意味で、「聞いている」と言いますよね。

　　c. I *hear* that he died in the accident.
　　　（その事故で彼が亡くなったそうですね）
　　d. *Have* you ever heard of the couple?
　　　（その夫婦の噂を聞いたことがある？）
　　e. We *haven't* heard from my son for these two years.
　　　（この2年間息子から便りがない）

　一方、look に対応する listen は認識とは関係なく、「耳を傾ける」という表面的行為しか表しません。つまり、hear のように、聴覚と認識との循環はありません。学校ではよく "listen to" と習いますよね。これは聴覚が向けられる対象を、「方向性」を表す前置詞 to が表しているからです。例えば、

f. I *listened* to the music last night.
   （昨夜その音楽を聴いた）

では、「昨夜その音楽に聴覚を向けた」ことを表しています。もっとも文脈上、耳を傾けた結果、その音楽を聴覚で捉えて認識したのは明白なので、

g. I *listened* to the music and heard it last night.

とまでは言う必要はありませんが、但し、listen の本質はあくまで「耳を傾ける」という表面的な行為であることは忘れないでください。したがって、

h. I *listened* to him, but couldn't hear anything.
   （彼の言うことに耳を傾けたが、何も聞こえなかった）

という状況は十分考えられます。また、look と同様、listen も間投詞として使われることがあります。そのときも、「耳を傾けろ→おい、ねえ」といった連続性が感じられると思います。

［著者紹介］

永本　義弘（ながもと・よしひろ）

　神戸市生まれ。上智大学外国語学部英語学科卒。同大学大学院外国語学研究科修了。九州栄養福祉大学准教授、関東学院大学、千葉工業大学、埼玉工業大学非常勤講師など、多くの大学で英語教育に携わる。著書に *Practical English for Intercultural Communication*（旺史社）『教えて欲しかったこんな英語』（南雲堂）など。

著作権法上、無断複写・複製は禁じられています。

冠詞と基本動詞がわかれば、英語がわかる　― 教えて欲しかったこんな英語 II ―

2012年6月20日　1刷

　　著　者 ── 永本義弘
　　　　　　　　　ⓒ 2012 by Nagamoto Yoshihiro
　　発行者 ── 南雲　一範
　　発行所 ── 株式会社　南雲堂
　　　　　　　〒162-0801　東京都新宿区山吹町361
　　　　　　　電話: 03-3268-2328（営業部）
　　　　　　　　　　 03-3268-2387（編集部）
　　　　　　　FAX: 03-3269-5425（営業部）
　　　　　　　振替口座　00160-0-46863

Printed in Japan　〈検印省略〉
乱丁、落丁本はご面倒ですが小社通販係宛ご送付ください。
送料は小社負担にてお取替えいたします。

ISBN 978-4-523-26507-8　C0082
E-mail　nanundo@post.email.ne.jp
URL　http://www.nanun-do.co.jp/

Q&Aで見える本当の英語の仕組み

教えて欲しかった、こんな英語

永本義弘著

並製 A5 判　定価（本体 1,400 円＋税）

読めて、書けて、話せる、使える英語

基本法則　これだけは知っておきたい

Q. 現在時制が表す「現在の事実」って何？

Q. 進行形は「～しているところ」じゃないの？

Q.「時制の一致」ってどういうときに起きるの？

Q. どうして「～するために」が「そして～」になるの？

Q. 仮定法って何？

Q. どうして実現可能性があるときでも仮定法が使われるの？

Q. the にはどんな働きがあるの？

：

南雲堂